如果明天是生命的最後一天

人生不用完美，只求不留遺憾！

打造富足心靈的36堂課，找到獨一無二的幸福

たとえ明日終わったとしても
「やり残したことはない」と思える人生にする

杉村貴子——著　林姿呈——譯

前言

在正式進入本書主題之前，我想先請各位試著想像一下。

現在，你正躺在醫院潔淨的病床上。數個月前，你被診斷出罹患「不治之症」，醫師宣告你的生命所剩無幾，沒有任何治癒的希望，也不可能再延長剩餘的時間。

窗外，人們在喧囂中照常過著日常生活，就和你生病前一樣。然而，你再也無法回到那樣的日子。你的人生的最後一刻正在悄然逼近。

——在這樣的時刻裡，你覺得自己的人生當中，有沒有什麼是**「未完成」**的事呢？

或許有些人完全不願意想像自己的死亡到來。但是，人生在世，終究會迎來最後一天，離開這個世界。

◆◆◆

就像小時候希望永遠不要結束的暑假，總是在轉眼間就到了盡頭。你我的人生，也終有一天會劃下句點。

兩千多年前，古羅馬哲學家小盧修斯·阿內烏斯·塞內卡曾經把人類所擁有的時間比喻為「短暫的彩虹」。人的一生，或許就像稍縱即逝的彩虹。

塞內卡也說過：「活著即是邁向死亡的旅程。人從出生的那一刻開始，每天都在朝著死亡前進。」

我們在人生旅途中走過的道路，只有當你感受到即將結束並回首來時路時，內心深處的感受才會浮現出來。請試著花點時間想像。

臨終前，你會對生命中哪些「未完成的事」感到懊悔呢？

◆◆◆

或許你的腦海中會想起一些未完成的事。

你之所以會感到遺憾，可能是因為這些都是「曾經想做，卻沒有付諸行動」的事。

「當初沒有追逐自己的夢想……」

「早知道就該多學習探究想了解的事物……」

「我應該多花點時間陪伴所愛的人……」

「如果能再多品嚐一些山珍海味的話該有多好……」

「還沒有去想去的地方旅行……」

「當時沒有勇敢挑戰自己想做的事……」

「明明想和好友聯絡，卻沒有付諸行動……」
「還沒有對那個人表達我心中的感謝……」
「我沒能誠實面對自己……」
「我的人生永遠都在忍耐……」
「我放棄了變得幸福的機會……」

其實，在人生中，**「沒有付諸行動而感到後悔」**的事，會比「行動後感到後悔」的事更讓人刻骨銘心。

關於這點，容我介紹波士頓大學心理學家麗莎·阿本德洛斯（Lisa Abendroth）所做的一項實驗。

阿本德洛斯針對從非洲旅行回來的旅客進行調查，詢問他們對於下面兩種情況，何者感到更加後悔。

A：後悔自己在旅行中購買了紀念品。
B：後悔自己在旅行中沒有購買紀念品。

結果顯示，出國旅行之後，「後悔沒有購買紀念品」的人數遠比「後悔買了紀念品」的人數多出一．五倍。

出國旅行時，買不買紀念品或許是件微不足道的小事，與人生最後留下的遺憾根本無法相提並論。然而，即使只是細微末節的小事，「沒有付諸行動」而留下遺憾的感受依舊更為強烈。

行動後所留下的遺憾，往往會隨著時間流逝而逐漸淡忘。即使在勇敢嘗試後宣告失敗，伴隨而來的遺憾感也可能在談笑中化為泡影。

相對地，那些未採取行動所帶來的遺憾感，反而會持續縈繞在心頭，隨著時間的推移越滾越大，甚至可能在人生的最後一刻浮現腦海。

未完成的事情越多，可能就會留下越多遺憾。如果可以，希望此生沒有任何遺憾。活在「當下」的人，想必一定都會有這樣的想法。

◆ ◆ ◆

「雖然心中還有很多想做的事接二連三地冒出來……嗯！但我覺得我沒有留下任何遺憾。」

這是先夫杉村太郎在臨終前，用虛弱的聲音吐出的話語。他於二〇一一年辭世，享年四十七歲。

杉村太郎是日本第一所職涯設計學院「我究館」的創辦人，也是《絕對內定》（書名直譯，ダイヤモンド出版）的作者。這本著作自一九九四年出版以來，銷售量已累計超過二百四十一萬冊（截至二〇二二年十二月），連續十五年奪得大學合作社暢銷榜第一名，亦是大學生求職指南的長銷作品，說不定有些讀者在大學時期或求職期間也曾經讀過。

年過四十的讀者說不定曾經在電視節目上看過太郎的身影。太郎在泡沫經濟時期，曾以上班族二重唱「SHINE'S」樂團的身份發行唱片出道。

二〇一一年八月，太郎因原因不明的癌症與世永隔。

「雖然心中還有很多想做的事接二連三地冒出來……嗯！但我覺得我沒有留下任何遺憾。」他在臨終前所說的這句話，深深烙印在我心中。

從那一刻開始，我就一直在思考什麼是「沒有遺憾的人生」，以及什麼是「即使迎來人生最後一天，也能了無遺憾的生存之道」。

如何實現「不留遺憾」的生活方式，是我長久以來不斷探索的問題。在探索的過程中，我接觸到了一個概念——

那就是正向心理學中探討的**「幸福感」**（well-being）。

「幸福感」用一句話來形容，或許可以說是一種「滿足的幸福人生」。

關於「幸福感」一詞，將在正文中詳細介紹。就我個人的角度來解釋，「幸福感」可以是一種生活方式，即使面對死亡，也能認為自己「沒有任何遺憾」、「我用自己的方式活得很好」。

就如同「幸福」的形式因人而異一樣，充滿幸福感的生活方式也會有各種不同的樣貌，很難用「這樣做就對了」來概括而論。

然而，如果以我的專業「職業生涯理論」為基礎並結合心理學，以科學方式研究如何獲得幸福的新領域「正向心理學」的話，可以得出一個結論——任何人都可以實踐充滿幸福感的生活方式。

縱然花朵會綻放出不同的顏色和形狀，但種植的基本原則都是一樣的。同樣都必須把種子先播種在土壤裡，再給予適量光照，提供充足水分。

充滿幸福感的生活方式也有基本法則。只要你能掌握基本法則，體認自己目前的處境缺少了什麼，努力彌補這些不足，就有機會實現自己的幸福。

我將這個法則取名為**「四葉幸運草理論」**。正如同人們認為找到四片葉子的酢漿草會帶來好運一樣，依循這個理論，任何人都能找到並灌溉出屬於自己的幸福。

儘管我們無法決定自己的壽命長短，但每個人都可以擁有沒有遺憾的人生。不管你的人生還剩下多少時間，任何年齡都可以開始實踐充滿幸福感的生活方式。

◆ ◆ ◆

本書將會揭示活出幸福人生的方法，即使明天是人生的最後一天，也能了無遺憾地迎接最後一刻。

第一章將會介紹實現幸福生活所需的「四葉幸運草理論」。這個理論融合了職業生涯理論與正向心理學，將人生中重要的四個元素，也就是構成幸福不可欠缺的組成要素，比喻成幸運草的四片葉子。

從第二章開始，我將詳細解釋幸運草中每片葉子的意義，以及如何滋養和培育這四片葉子，從而實現毫無遺憾的人生。

不僅如此，書中還會討論到許多問題，如果你能從自己的角度去思考，透過這些過程，相信你一定也能釐清自己真正重視的價值觀、優點、喜悅和樂趣，找出自己度過幸福的無悔人生所需要的元素。

◆◆◆

誠摯希望能有更多人在這趟無可取代的人生旅途當中，找出自己獨特的幸福生活方式。這是我發自內心的願望，也是促使我寫下本書的緣由。

「我滿腔熱血地敲打著鍵盤，彷彿要把心中的想法全數宣洩出來。」

這是太郎在寫作時說過的話。他敲擊鍵盤的背影，彷彿是一個竭盡全力彈奏的鋼琴家。

我在撰寫本書時，也同樣全神貫注地將所有精力凝聚在指間上。

由衷期盼各位的人生都能變得更加閃耀燦爛。我一面如此祈禱，一面全心全意地用靈魂寫下書中的一字一句。

還請各位耐心地閱讀到最後。

目錄

第2章 在工作上「了無遺憾」的人生 ～Labor×PERMA～

第3章

在親情和友誼上「了無遺憾」的人生 ～Love×PERMA～

第4章

在自己的時間上「了無遺憾」的人生 ～Leisure×PERMA～

第5章

在自我成長上「了無遺憾」的人生

～Learning×PERMA～

書本設計　中井辰也
插圖　芦野公平
DTP　藤原政則
責任編輯　石田章洋
企劃　BOOK ORITY

第1章

即使明天迎來生命盡頭，也能覺得「此生了無遺憾」

在本書中，我將一邊與你對話，一邊幫你找出你心中最理想的「專屬自己的幸福人生」。

首先，我會對你提出一些問題。即使只有短短的一瞬間也無妨，請思考後再回答。

你想到的答案就是正確答案。無論你的答案是什麼，都沒有所謂的錯誤，也不需要說給別人聽。請按照自己的感受和想法，用自己的方式回答問題。

如此一來——

你一定能察覺自己真實的感受，找到屬於自己的幸福人生。

比起「應該做的事」，
什麼才是你「想做的事」？

「我今天必須搞定那個東西。」
「那件事必須在本週內完成。」
「我得趕緊聯絡他免得忘記。」

我們每天的生活，就是一連串的「應該做的事」和「必須做的事」。然而，老是被應該做的事情追著跑，有時甚至會迷失自我（自己想要成為的樣子或理想中的自己）、感覺難受或身心俱疲。這樣的日常，真的是你原本應有的模樣嗎？

我把「應該做的事」稱為「doing」（做事），並**將「理想中的自己」稱為「being」（做人）**。如果忙於「做事」而未能實現「做人」，就會產生一種「維持現況真的好嗎？」的焦躁不安感。

這種不安是一種內在訊息，是當理想中的自己與現況產生脫節時所出現的反應。

據說，蘋果公司創辦人史蒂夫．賈伯斯每天早上都會對著鏡子問自己這個問題：

「如果今天是人生的最後一天，你會去做你接下來要做的事情嗎？」

賈伯斯認為，如果對每件事的回答都是「不」，就表示你沒有活出真正的自己。

你認為「應該做的事」，真的是你現在需要做的事情嗎？

為了生活，有時確實必須採取行動，完成「應該做的事」。但我希望你能注意，別讓這些事情占據你的每一天。

如果你覺得被「應該做的事」壓得喘不過氣，或是感到疲憊不堪，不妨大膽地將過去花在這些事情上的時間，抽出20%到25%，用在自己「想做」或「喜歡」的事情上。

這個比例是參考正向心理學權威，塔爾・班夏哈（Tal Ben-Shahar）博士的著作《哈佛大學改變人生的一堂課》（書名由日文直譯，大和書房出版），加上我個人的實踐經驗所綜合得出的結果。塔爾・班夏哈在書中指出，如果將20%的時間用在有價值的事情上（例如與家人共度、運動、欣賞音樂等），將有助於提高幸福感。

也就是說，將20%至25%的時間投注在對自己來說重要的事情上，就可以讓我們回歸原本的「理想中的自我」。

你現在認為「應該要做的事情」之中，是否也包含了一些「其實可以不做」，或者「只是自己一廂情願，以為必須去做，實際上沒有必要」的事情呢？

這也包括那些你原本想要拒絕，卻無法開口說「不」的事情。

如果答案是肯定的，請試著減少這些時間，把多出來的時間用在享受生活，或是做你想做的事情上。僅僅如此，就能讓你感受到原本的自我。

減少「應該做的事」，是讓生活更快樂的具體方法之一。

在本書中，我將介紹各種面對幸福生活不可欠缺的思維模式和方法，這些都是不僅淺顯易懂，而且人人皆可輕鬆實踐的內容。

那麼，讓我們繼續探討下一個問題吧！

你曾經思考過
「怎麼做才能變得幸福」
這個問題嗎？

「應該怎麼做，才能變得比現在更幸福呢？」

相信每個人都曾經思考過這個問題。

「想要變得幸福」這個渴望，是人們自古以來不斷追求的永恆目標，宗教與哲學也為此指示了各種方向。

近年來，「well-being」的概念引起了全球關注。

「well-being」是指一種更幸福的生活方式。

同樣是幸福，「well-being」與英文中的「happiness」不太一樣，前者強調的是一種「良好的狀態」。

然而在日文語義當中，「良好的狀態」可能也不太好理解。因此，在我經營的公司 Well-being Academia 中，我們將 well-being 解釋為一種**「更貼近自我的狀態」**。

在某種程度上，「happiness」可以說是一時的快樂，而「well-being」則是一種持續性的幸福。後者的宗旨在於滿足當下，並將這種幸福狀態延續到未來。同時，這也是一種讓人們的生活過得充實，進而認為人生「了無遺憾」的方法。

「well-being」是正向心理學中最重視的主題之一。正向心理學由美國心理學會前會長馬汀．塞利格曼（Martin Seligman）博士創立。

我很榮幸有機會直接向塞利格曼博士討教。他將「well-being」定義為**「身心健康，且在社會上擁有完整的良好狀態」**。

這個想法與世界衛生組織（WHO）憲章原文中對健康的定義不謀而合，在此引述如下。

「健康，是身體的、心理的與社會的完整寧適狀態，而不只是沒有疾病或虛弱而已。」

（節錄自公益法人日本WHO協會官網「世界衛生組織（WHO）憲章」）

這段文字中「完整寧適狀態」的部分，就是對應英文「well-being」的翻譯。

換言之，「well-being」指的正是一種身體的、心理的與社會的完整寧適狀態。

然而，「身體的、心理的與社會的完整寧適狀態」這個描述還是相當籠統。

因此，接下來我希望你思考的是以下這個問題。

如果這個世界上存在
「幸福不可欠缺的要素」，
你認為會是什麼呢？

提到「幸福不可欠缺的要素」，你會聯想到什麼呢？

全美職業生涯發展學會前會長桑妮・漢森博士提出「4L理論」作為幸福不可欠缺的具體要素，分別是以下四個以L為字首的英文單字。

◇**Labor（工作）**：無論是本業、副業或多個斜槓，只要是能賺取收入的活動；以及家務或對社會的貢獻等等。

◇**Love（愛）**：與家人、伴侶、情人、夥伴、寵物等重要對象共度的時光。

◇**Leisure（休閒）**：興趣、運動、休息、社區活動等等。

◇**Learning（學習與自我成長）**：透過閱讀、參與線上課程、加入研討會等方式學習，以及藉此實際體會自我成長時的感受。

漢森博士的「4L理論」強調在「工作」、「愛」、「休閒」、「學習與自我成長」之間取得平衡的重要性。

通常我們會將大部分的時間投入於「工作」，把生活重心擺在工作上。在美國，過去的主流觀念也認為「職涯等於工作」。

然而，漢森博士將職涯視為人生，強調唯有**取得「4L」的平衡，才是幸福人生不可或缺的重要元素**。

「4L」非常重要，接下來將逐一簡要說明。

我們生活在社會共同體當中，透過「工作」來扮演好自己的角色。

然而，如果我們在「工作」上無法體會到成就感，人生就會因此有大半時間都在不知所為中度過，無法享受其中的樂趣。

同時，如果一直專注在工作，沒有時間陪伴家人與朋友，也沒有時間享受自己的愛好，就這樣迎來人生的最後一刻，那你可能也會因為「早知道就不該只顧著工作，應該多享受其他事物……」而感到後悔。

若沒有「愛」，人生會變得索然無味。對家人和伴侶的愛、對戀人和朋友的愛、對寵物的愛、對大自然和地球的愛。「愛」是人們生活中不可欠缺的重要元素。

「休閒」不僅有助於恢復體力，也能成為身心能量的泉源，讓生活多彩多姿。此外，休閒也有助於舒緩日常壓力，增強心理韌性（resilience）。

有些人會忽略「休閒」，或是將其放在次要位置。然而，若是忽略休閒，必定會破壞生活的平衡。

現在已經是所謂的「人生百年時代」，六十多歲退休後，通常還有好幾十年的人生要過。無論活到幾歲，相信「學習與自我成長」的體悟都會是人生最根本的快樂泉源。

「4L」缺一不可。只要缺少任何一者，都無法創造出自己心中理想的幸福人生。

4L

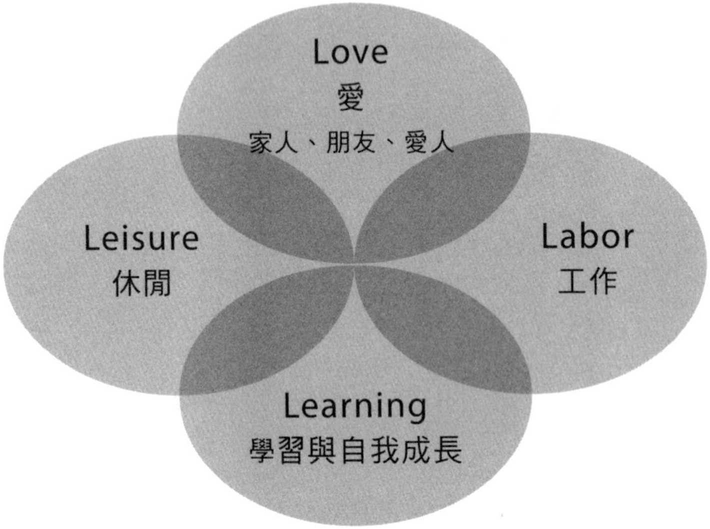

漢森博士將工作、愛、休閒和學習的「4L」比喻成一個個小塊布料，而職涯就像將這每一小塊布拼接而成的拼布。

至於如何搭配布料來製作拼布則因人而異。每個人都有自己原創的「4L」組合。

我在研討會和演講中介紹「4L」時，會以上圖中所示的「四葉幸運草」來形容。

透過給予養分，個別培育這四片葉子，我們便能活出屬於自己的幸福人生。

就如同幸運草的四片葉子從根部相連一樣，「4L」也相互關聯，會產生協同效應（synergy）。為了方便人們理解，我將4L比喻為「四片葉子」。

被譽為「正向心理學之父」的塞利格曼博士，將持續的幸福稱為「flourish」或「flourishing」。前者是花朵綻放時的動詞，後者則是花朵盛開的名詞。

就如同只要給予幸運草充分的陽光和水分，就會開出白色花朵一樣；只要好好培育這四片葉子，就能綻放出美麗花朵。這樣一來，我們就能不留遺憾地過著真正屬於自己的人生。

那麼，我們該如何滋養這「4L」呢？在正式介紹滋養方式之前，我想先請各位思考下一個問題。

有沒有什麼是你內心渴望已久，
卻沒有付諸行動的事情？

我之所以了解並意識到「4L」的重要性，正是因為近距離目睹先夫杉村太郎在長達七年半的抗癌生活中，用什麼樣的人生態度來度過如此波瀾起伏的餘生。

在被診斷出罹患癌症之前，太郎對工作充滿使命感，投注大量精力在工作上。很多時候，他會工作到半夜才回到家，在沙發上小睡片刻後，便又出門去上班。

儘管太郎沒有足夠的時間陪伴妻女，但看到他開心工作的模樣，我也不好意思多說什麼。太郎很喜歡大海，但為了工作，他似乎也不得不忍耐著去看海的衝動。我記得那時經常聽他喃喃自語「好想去看海」、「好想去海邊」。

有一天，我發現太郎的頸部長了一個小腫塊。

檢查結果顯示，腫塊正是癌症轉移至淋巴結所形成的。儘管找不到原發部位（初次形成腫瘤的地方），但確定是一種罕見且轉移能力較強的進行性癌症。

在醫生宣告診斷時，太郎的病情已經進展至第三到第四期，預期壽命僅剩三個月至一年，五年的存活率只有百分之個位數。

太郎在遺作《熱情的話》（書名直譯，角川出版）中如此寫道：「**不要把希望寄托在機率上，而是要寄托在可能性上。**」儘管存活機率非常低，他仍然決定抓住活下來的機會。太郎選擇接受手術，切除從頸部與淋巴結沾黏並延伸到肩部的肌肉，以及扁桃腺附近可能藏有原發性癌細胞的組織。

由於動了喉嚨的手術，使得太郎難以發聲，失去作為歌手引以為傲的聲音；不僅如此，他還切除了肩部肌肉，無法舉起該側手臂，這導致他的身體失去左右平衡，就連行走在直線上都很困難。

因為在神經集中的頸部動刀，導致太郎出現了出乎意料的情況，比如吃東西會咳嗽，嘴巴也不再像從前那樣靈活，連喝個水都會漏出來。

彷彿接受了身體機能在一夜之間發生巨大變化的事實，太郎在出院時，拿起自己心愛的橄欖球，在上面寫下了這段話。

「我要活出會讓自己覺得罹患癌症是件好事的人生。」

我認為這句話是他對自己的承諾，期許未來一定要活得更加精彩。

從此以後，太郎開始珍惜當下，比以往更細細品味生活中的幸福。

為了紀念太郎出院，我們第一個目的地就是直奔大海。

在那裡，太郎看著海面上自由翱翔的白色帆船，心中想著「好想搭乘那艘帆船」。考慮到太郎出院時的狀況，這個想法顯得相當魯莽。

然而，強烈的意念驅使著太郎。幾個月後，太郎帶著我和女兒來到逗子的海邊。

那裡停泊了一艘承租的小型帆船。就在我們扶著搖晃的船身，小心翼翼地登船時……

原本行動不便的太郎開始奮力地設法讓自己的身體動起來，他用單手支撐著另一隻不太靈活的手臂，緊緊抓著繩索，表情充滿了霸氣，看上去神采奕奕。

「被切除的肌肉永遠不會再生，但我相信周圍的肌肉一定會持續發育，彌補缺失的功能。」

太郎說完這句話後，便開始在他最愛的大海上進行復健。

幾個月後，太郎明顯變得更為強壯，在船上的行動也顯得靈活自如。

在那之後，太郎開始頻繁出海，寫作等工作也都改成在海上進行。他還會邀請我們這些家人與朋友同行，與他一起享受在那裡的時光。

太郎把休閒時間和愛都獻給了他最愛的大海。

此外，在二〇〇八年，也就是第一次手術的四年後，太郎決定挑戰隻身前往美國，於位在波士頓的哈佛大學魏德海國際事務中心擔任客座研究員，重新開始學習更多事物。透過學習和成長的體驗，太郎的臉上再次充滿了希望。

儘管被告知生命可能僅剩下三個月到一年，受到沉重的打擊，但從那天開始，太郎比以往更珍惜充實「當下」，追求活出自我的喜悅，神采飛揚地度過之後七年半的歲月，走完人生的最終旅程。

也是在臨終前，太郎對我說了本書開頭介紹的那段話：「雖然心中還有很多想做的事接二連三地冒出來……嗯！但我覺得我沒有留下任何遺憾。」

如今回想起來，我認為太郎一步步地實現了「4L」，成功過著內心所希望的，能夠完全展現自我的生活。

我相信，直到生命的最後一刻，太郎都珍惜著每一分每一秒，全心全意地完成每一件事，因而覺得人生已經了無遺憾。我想這也是太郎在臨終前都還在持續撰寫的《絕對內定》一書中所希望傳達的核心理念。

太郎離世後，我承繼了他的職涯設計事業。在我接觸到漢森博士的「4L理論」後，便深信「4L」是人生中不可或缺的要素，並深切體會取得四者平衡的重要性。

這全是因為我深知太郎是如何培育這四片幸運草的葉子，達成充實人生的生存之道。

「我希望幫助人們綻放人生的光芒。」這是太郎的夢想。我承繼了他的遺志，誠摯希望能讓更多的人實現充滿幸福感的生活方式，邁向更美好的社會。

如果你的內心深處也有想做，卻沒有付諸行動的願望，那麼在你意識到的當下，就是開始的時機。現在就踏出第一步吧！

當你感到「幸福」時，
是處在何種情緒（狀態）下？

當你感受到幸福時，那份情緒是用什麼方式表現出來的呢？

「開心」、「興奮」、「喜悅」、「忘我」、「我是有用的」、「我做到了」等等，每個人感受到的情緒或許形形色色。或者，你也可能處在一種「感受到愛」，「內心覺得溫暖」、「充滿感恩」的狀態。

塞利格曼博士將這種每個人都不太一樣，且有時難以形容的「幸福」感受和狀態，明確歸納成五個元素。

他將這五個元素取其字首，簡稱為「PERMA」。

具體來說，「PERMA」包括以下五個元素。

◇ Positive Emotions、Pleasant Emotions（正向情緒、愉悅情緒）
◇ Engagement Flow（投入、心流）
◇ Relationships、Positive & Supporting（良好的人際關係）

◇ Meaning & Purpose（意義、價值和目的）

◇ Achievement、Accomplishment For its own sake（成就感）

接著，讓我們來逐一了解具體內容。

Positive Emotions、Pleasant Emotions（正向情緒、愉悅情緒）

正向情緒是一種正面、開朗且愉悅的情緒。

具體來說，其中包括喜悅、愛、感恩、舒適、興趣、希望、自豪和愉悅等等。「喜悅」就相當於「開心」；「愛」相當於「珍愛」；「感恩」相當於「心懷感激」，這些情緒理所當然地都會增加幸福感。

請確實接收你在「4L」的各個面向中所體會到的正向情緒。正向情緒不僅有益於身體健康，也能振奮精神；能讓人感到心情愉快，還有助於實現成功，為社會有所助益。

Engagement Flow（投入、心流）

「投入」是指全神貫注或進入忘我的狀態，也可以稱為「心流」。運動員常描述自己進入某種領域（zone），這也是一種「投入」的表現。

在我們的日常生活中，全心專注在工作或興趣上，以至於忘記時間，這種情況也可以歸類於此。比如，彈鋼琴彈到忘我，沉浸在心流之中時，可能會覺得亢奮，但並不會在當下直接感受到幸福，而是在事後才會感到渾身滿足，覺得當下非常開心或渾然忘我。

在心流的狀態下，人們會感受到自己的情感協調一致。由於沒有自我意識的干擾，創造力也會驟然提高，甚至產生彷彿與世界或宇宙融為一體的感受。這些往往都會帶來幸福和亢奮的體驗。

無聊地消磨時間與忘我地沉浸在時間裡，何者比較幸福呢？相信答案顯而易見。在「4L」中亦為同理，體驗到越多的「投入」感，人生就越充實。

Relationships、Positive & Supporting（良好的人際關係）

與他人之間的「良好關係」也會提升幸福感。

「良好的人際關係是幸福的基石」，這個說法一點也不為過。包括哈佛大學長達近八十年的研究在內，多項研究調查都證實「相較於感覺不幸福的人，感覺幸福的人擁有更良好的人際關係」。

如果原本就怕生，或是在人際關係中曾經受過傷害，這樣的人可能會覺得「與人互動很麻煩」。

然而，在嚴酷的自然環境中，人類自古以來就是透過互相依靠，開始群體生活，才得以存活下來。

因為與他人建立良好的關係而感到幸福，是人的天性。就像透過臍帶與母親相連，人們從出生的那一刻起，就渴望與他人建立聯繫。

在「4L」中，與他人的聯繫越是緊密，幸福的感受也會越加深刻。

Meaning & Purpose（意義、價值和目的）

如果能從當下所面臨的事情，或者更具體來說，從人生中找到意義和價值，就能與幸福的生活方式更加靠近。

察覺自己對什麼感到喜悅，覺得什麼是對自己而言有價值的事物，並據以維生，就能過著充滿意義的幸福人生。

找到人生的意義和價值後，我們也比較能以長遠的角度來思考與採取行動，克服困難。也就是說，這能帶來長久的幸福。

為社會貢獻或做出有利於他人的行為時所感受到的深刻喜悅，也是賦予人生意義的一種表現。

Achievement、Accomplishment For its own sake（成就感）

完成某件事或實現某個目標時，我們會感到幸福和滿足。

若以登山為例，就好比克服重重困難的山路，成功攻上山頂。此外，在登上山頂之前，每抵達一個階段性的目標，比如爬到半山腰、六成或七成的高度時，我們也會體會到成就感。

人生也是如此。即使達不到距離遙遠的最終目標也無妨。只要設立階段性的目標，並努力向前邁進，每實現一個目標時，都能體會到成就感。

成就感會成為成功的體驗，增強「我做得到」的自我肯定感，讓人能夠自信地在人生中邁進。

與「4L」相同，「PERMA」也會互相產生相乘效應。

不妨以我們熟悉的事物來想像，在此以用餐為例。

當你吃了一口食物並感覺好吃時，內心會湧起一股正向情緒（Positive Emotions）。

有時甚至會像是停不下筷子般，全神專注地品嚐食物（Engagement Flow）。

和親密的朋友或家人一起用餐、暢所欲言，令人感覺時光飛逝，彼此的情感也更加深厚（Relationships）。

當你意識到入口的食物會轉換成身體的血液和肌肉，或是注意到食物的營養和功效時，你將會感受到進食的意義（Meaning）。

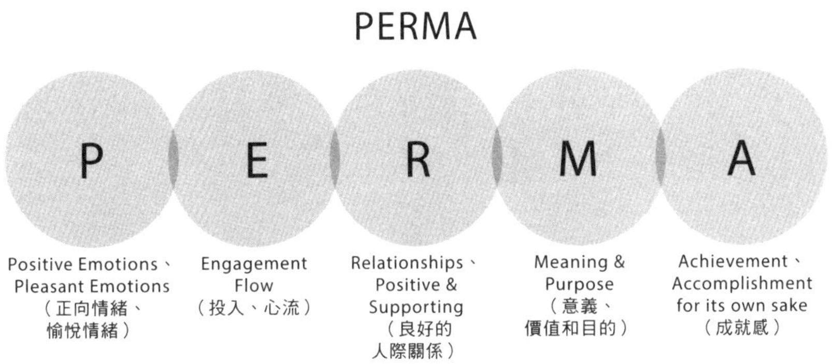

當你享用完餐點，感受到生理的飽足和心理的滿足時，也會體會到滿滿的幸福感。這會讓人產生活力，激勵自己「明天也要再接再厲」（Achievement）。

正向情緒也有許多不同的類型。

如果能心懷感恩，感謝為我們準備餐點的人或從事生產的農家，感激食材的生命力，那麼我們就能回歸用餐前誠心說出「我要開動了」這個詞的本意，讓日常飲食變得更加富足。

「PERMA」就像心靈的養分，當你滿足越多的元素，也會覺得自己越幸福。

你是否同樣重視
「工作」、「愛」、「休閒」
和「學習與自我成長」呢？

想要過著幸福的生活，重要的是滿足「4L」。為了達成這個目標，我們需要擁有「PERMA」中所涵蓋的各種情感元素。

幸福感＝4L×PERMA

如同上述公式，「PERMA」可以豐富「4L」。你的人生是否有利用「PERMA」來精心培育「4L」呢？

就如同將「4L」比喻為四葉幸運草，「PERMA」就相當於水、陽光和土壤的養分。透過心靈上的滋養，四片葉子便會不斷成長茁壯。根據這樣的意象，我將用「PERMA」的情感來滿足「4L」的理論命名為「四葉幸運草理論」。

有時，我也會改用四個杯子來比喻這四片葉子。就像是把一瓶名為

「ＰＥＲＭＡ」的水，分別注入「工作」、「愛」、「休閒」和「學習與自我成長」的四個杯子裡，這「４Ｌ」的每個杯子裡裝有越多的「ＰＥＲＭＡ」水，幸福感的程度就越高。

如果持續注水，水終究會溢出，但這也不成問題。一杯水只有在裝滿時才會溢出，而溢出的水將轉化為對他人的關懷和善意，促進幸福感的連鎖反應。

這個概念在先夫杉村太郎的著作《絕對內定》中亦有介紹，他將之稱為「滿杯理論」。當每個人將自己杯中滿溢而出的水分享給他人時，就會產生連鎖效應，使幸福感不斷擴散，社會也會因此變得更加美好。如此一來，整體社會便能永續繁榮。

當一個人的內心不夠充實時，就會將注意力全部放在自己身上，無法關心他人。首先，我們每個人都必須先讓自己的杯子裝滿水。

要讓別人幸福，你自己也必須處在充實和幸福的狀態下。

從現在開始，請確認你的「4L」狀態，然後將「PERMA」的情感注入「工作」、「愛」、「休閒」和「學習與自我成長」這四個杯子裡。

如果「4L」充滿了「PERMA」的情感，即使生病，你也能沉浸在充滿幸福感的狀態下。

幸福感並不表示身體沒有任何疾病或者傷痛，而是即使生病受傷，仍然可以活得幸福快樂。

即使心情感到沮喪，或處於社會弱勢地位也是一樣。透過實踐「四葉幸運草理論」，你可以滿足地活在當下，過著更符合自己理想的幸福人生。

幸福感能讓自己更幸福地度過無可替代的人生。為了實現這個目標，我們需要用「PERMA」的情感來滿足「4L」，以達成屬於自己的幸福人生。

在後續的章節中，我會搭配「4L」與「PERMA」，向你提出一系列的問題。

第2章

～Labor×PERMA～

在工作上「了無遺憾」的人生

在工作中，你最享受哪些時刻？

Labor×Positive Emotions

在工作時，你最享受哪個時刻呢？

是不是最能展現出自己的「優點」的時候呢？

正向心理學認為，不限於工作，當人們最能發揮自己的「優點」時，會覺得最滿足，也更容易體會到幸福。

因為在展現「優點」的那一刻，我們正在表現出自我理想中的模樣。

在日常生活中，扮演各種角色的過程裡，有時我們可能會迷失真實的自我。然而，透過有意識地發揮自己的「優點」，可以讓我們產生正向情緒，重拾真正的自我。

在正向心理學中，將「人性普遍優點（character strengths）」歸納為以下六種美德、二十四項「優點」。在這些特質當中，肯定會有符合你的「優點」。

◇知識與智慧：創造力、好奇心、熱愛學習、洞察力、宏觀視野。

◇**勇氣**：誠實、勇敢、毅力、熱忱。

◇**人道**：善良、愛人的力量（被愛的力量）、社交智慧。

◇**正義**：公正、領導力、團隊合作。

◇**修養**：寬恕、謙遜、謹慎、自律。

◇**超越**：審美觀、感恩、希望、幽默、靈性。

只要將這二十四項「優點」分別套入「我擁有〇〇」的句型中，大聲唸出來，或許你就能從中發現自己符合的項目。

此外，還能透過簡單的測驗，只需回答幾個問題，就能找出當前自己所擁有的前五項「優點」。這是美國VIA研究所免費提供的「VIA－IS」診斷測驗，由塞利格曼博士研發。可以在「語言」項目選擇日文版（譯注：臺灣讀者選擇中文版），僅需十五分鐘即可完成測驗。

https://www.viacharacter.org/surveys/takesurvey

我們不只會有一個「優點」，不僅如此，「優點」的先後順序也會經常發生變化。

如果把自己的「優點」條列出來，請家人、朋友或伴侶確認，詢問他們的意見，也許就能更客觀地了解自己。直接詢問非常熟悉你的人：「你覺得我的優點是什麼？」或許也是個不錯的方法。

再次重申，重點是透過有意識地察覺並展現自己的「優點」，提高我們對生活和工作的滿足度和充實感，從而感受到幸福。如此一來，自我肯定感*1、自我接納感*2和本真性*3（authenticity）也會隨之提高。

舉例來說，假設「善良」是你的優點，那麼當你越是有意識地體貼同事、主管和客戶，在工作上就越能獲得充實和滿足的感受，體會到更多的幸福感。

「幸福感」和「優點」密切相關。察覺自己的「優點」，即是幸福感的能量泉源。

首先，必須了解自己的「優點」。然後，當你能夠發揮「優點」幫助他人獲得幸福時，自己也會感到滿足。而這正是透過工作，提高「幸福感」的終極秘訣。

＊1自我肯定感：不與他人比較，肯定真實的自我。

＊2自我接納感：理解、認可並接受真實的自我感受。

＊3本真性：每個人與生俱來，讓自己能夠隨心所欲，尊重自我的情感。

有什麼事是你一直想做，
卻不斷往後拖延的嗎？

Labor×Positive Emotions

遇到不擅長或煩人的事情時，總是會忍不住想拖拖拉拉。相信這種情況對你我來說都不陌生。

當然，如果是遲早要面對的事情，提早完成還能讓心情舒暢，這也是不言而喻的道理。

問題在於，即使是自己「感興趣」或「一直很想做的事」，也會出現一拖再拖的情況。如果明天人生就此謝幕，一定會留下滿腔遺憾。

如果你心中懷抱著某些夢想，例如「想挑戰看看那份工作」，或者「想去那個地方走走」，請從「現在」開始起身準備，不要再等到「總有一天」。

聽到「現在」，你會有什麼想法呢？

或許，你心中會浮現出種種「還做不到的理由」，例如「現在沒有辦法」、「資金不夠」、「還有其他優先事項」，或者「時機尚未成熟」等等。

內心之所以會浮現做不到的種種理由，是因為心理學中的**「維持現狀偏誤」**（status quo bias）作祟。「維持現狀偏誤」是一種常見的心理傾向，認為從現狀到未知狀態的改變會造成「失去穩定的現狀」。簡而言之，就是害怕有所改變。

杉村太郎常說：**「我們的敵人是對改變的恐懼，僅此而已。」**

如果你心中有想做的事，卻一直拖延沒有採取行動，不妨試著寫下你認為現在做不到的理由，然後從中探索「也許這個做法可行」的可能性。

針對「不做而感到後悔」這個議題，在此我想介紹佐佐木圭一先生的故事。佐佐木先生是廣告文案策劃人員，也是百萬暢銷書《一句入魂的傳達力》（繁體中文版由大是文化出版）的作者。

以下這段對話是佐佐木先生在還是我究館第四期學員時，與當時的館長杉村太郎進行面談時的內容。

太郎問：「這一生中，你最想爬的是哪座山？」從學生時期就很喜歡爬山的佐佐木先生沒有多加思索，一臉正色地回答：「……喜馬拉雅山吧。」據說太郎一聽到答案，立刻表示：「很棒耶！你什麼時候要去？你趕快去！立即前往喜馬拉雅山。」

佐佐木先生沒有想到會聽到「立刻去」的回覆，很努力地列舉出自己當時還無法出發去爬喜馬拉雅山的理由。諸如「沒有時間」、「研究所沒辦法請假」、「正忙著找工作」、「還沒有那麼多錢」，還有「登山訓練不夠充分」等等。

太郎聽了直接回答：「這些問題全部都可以解決。如果你真的想去，就不要等到『總有一天』，而是現在行動。」

據說，那時佐佐木先生才恍然大悟，發現自己「認為不能登山的理由（即阻礙因素）」，其實只要現在開始努力，都是可以克服的事情。他也因而改變了想法，覺得「不如就來試試看」。

在回家路上，佐佐木先生注意到一間旅行社，走近一看，無意中發現報名人數最少只要一人的喜馬拉雅山旅遊團的宣傳單。他覺得這是冥冥之中注定的安排，於是當場報名，幾週後就飛到了當地。

最後，佐佐木先生在著名的尼泊爾雪巴人的帶領下，成功登上喜馬拉雅山頂。當他從山頂上眺望壯麗的景致時，終於實際體悟到「我並不是做不到，只是沒有嘗試挑戰而已」。

自從佐佐木先生學會如何拋開阻礙因素後，他的人生從此豁然開朗。

在這個例子中，還有一個重要的關鍵。佐佐木先生會經過旅行社，並且發現喜馬拉雅山旅遊團的宣傳單，這整件事情並非僅僅只是巧合。我相信這是佐佐木先生自己吸引到了自己所需要的資源。

我們的大腦具備一種稱為「選擇性注意力」的認知功能。在你意識到某件事情的瞬間，大腦的天線就會啟動，提高對於相關事物的敏銳度，開始搜尋所有剛才所意識到的事情的相關資訊。

如果你有想做的事，你需要的就是決定「現在就做」，並一個個排除阻礙，採取當下能力所及的行動。

在登山過程中，眼前的景致會隨著一步步前進而不斷變化。接近目標的過程本身就是一種樂趣。說不定你也會和佐佐木先生一樣，某天偽裝成偶然的機會就突然從天而降。

首先，請試著邁出第一步，一切都會從這一步開始。

正向心理學家權威尚恩・艾科爾（Shawn Achor）在其著作《哈佛最受歡迎的快樂工作學》（繁體中文版由野人文化出版）中建議各位從相對容易的事情開始做起。他說：「如果用比喻的方式（或字面上的意思）來說，第一步就是穿上鞋子。」

如果你有想做的事，卻一直忍不住推遲，那就從現在可以立即做到的部分開始吧。這樣一來，你一定就能抓住某個能同時吸引到成果和幸福的機會。

你曾經忘我地
投入在工作當中嗎？

Labor×Engagement・Flow

至今為止，曾有工作讓你專注到渾然忘我的境界嗎？

當你在工作時，覺得時間在不知不覺間流逝，每件事處理起來都得心應手，想停也停不下來。這種狀態稱為「心流」，或是進入「渾然忘我的境界」（zone）。

請試著將這些工作逐一記錄下來。

透過檢視這些曾經讓你進入心流狀態，全神貫注到忘記時間的工作清單，或許就會發現自己未曾察覺到的「優點」。

有時，投入未曾涉足的領域，也可以讓你發現自己意想不到的「優點」。這種情況通常是「嘗試過後，意外發現自己很投入」。

在這個瞬間，你也會遇見自己所不知道的「真實自我」。

我曾經在朝日電視台和 BS 朝日電視台擔任氣象播報員和新聞主播。

然而，我小時候曾患有慢性過敏性鼻炎，所以對自己帶有鼻音的聲音感到非常自卑，加上生性害羞，本來並不擅長在大眾面前說話。

但是在大學時期，我偶然遇見了一位曾經擔任播報員的老師，他對我說：「你的聲音很好聽，乾淨利落。如果接受發聲訓練，一定會更有穿透力。」

當時因為能夠發現自己未知的一面，我感到非常雀躍，心中彷彿亮起了一盞明燈。於是，我加入老師所帶領的大學生讀書會，全心投入學習傳播學。

從那之後，我體會到「傳達」的樂趣，也越來越喜歡自己的聲音。

如此看來，有時我們的「優點」並非一開始就是優點，而曾經的「缺點」，也可能透過努力，使其逐漸轉變成為「優點」。以我為例，因為慢慢喜歡上自己原本討厭的聲音，我的世界變得更加寬闊。

◆ ◆ ◆

如果有機會挑戰新的工作或是新的領域，無論擅長與否，都請大膽地放手嘗試看看。

不管是什麼工作或者職務，都會提供每個人嘗試的機會。即使你原本認為自己並不擅長，這些機會仍然有可能會搖身成為你的「優點」。

當你開始嘗試一些對自己來說有一定難度的新事物時，你會變得更加認真，更為全神貫注，有時甚至會進入「心流」狀態。新的「優點」就是這樣誕生的。

挑戰新的事物，會讓你發現到自己從未注意到的一面。就像心理學家艾利克森所說：「人終其一生都在不斷發展。」

無論你現在幾歲，只要在生活中持續探索，就能不斷地認識新的自己。每當遇見新的自己時，就是一段令人興奮的旅程的開始。

你認為神是存在的嗎？

Labor×Engagement・Flow

這世上有無神明，每個人都有不同的見解。就我個人而言，我曾在許多情況下，感受到一股無形的力量保護著自己。

我相信，很多人也都有過類似的經驗，感覺自己受到某種無形力量的保護和支持。

我曾經擔任經濟雜誌的記者，採訪過近百名企業家。

許多企業家都異口同聲地表示，儘管創業當下所歷經的艱辛遠超乎想像，但在事業邁向成功的過程中，他們似乎也感受到了神明露出欣慰的微笑。

有人說：「一定有人正在關注著你努力的身影。」也有人說：「當你認真付出時，自然就會吸引到同樣認真的人群聚集過來。」

當一個人全心全意努力時，無形的力量也會給予他加油打氣。

我認為這裡所說的「神明」，不僅是指無形的力量，還包括終身夥伴和志同道合的人，他們可能是在危機中拯救我們的機會女神。

在我埋頭工作時，是身邊的主管、同事、朋友和家人伸出援手，給予我各種機會。

那些在我努力時給予我機會、在遇見困難時對我伸出援手的人，就像是我的神明。

如今我身為一間公司的老闆，許多事情都會需要交由他人處理。

當我在思考該找誰來負責這份工作時，最終總是會選擇當下正在努力工作的人。

一個人要把工作委派給他人時，其實也必須下很大的決心才行。每個人都會想把工作托付給一個努力且值得信賴的人，這是人之常情。

然而，有時你可能會覺得自己沒有得到應有的評價。這種時候，你可能會忿忿不平，覺得「再怎麼努力，也得不到讚賞」。

我也有過類似的經驗。明明很努力，卻無人察覺，甚至遭人誤會，這些感受都讓我深受傷害。

但是，請不要把這些情緒壓抑在心中。相反地，我希望你試著展現自己，讓別人更了解你。

俗話說：「燈塔底下無光明。」總是會有燈塔光線照射不到的角落。身為經營者，能夠得知自己尚未察覺的資訊，是件非常難能可貴的事。

好好與他人面對面。當我們坐在對方的正前方時，對方通常也會用正面來面對我們。最重要的是，許多事只有透過言語，才能真正溝通傳達。

在我所經營的公司中，經常會用「溝通×溝通×溝通」來形容溝通這件事。這意味著我們就是如此重視溝通。

溝通並不一定要在特殊場合進行。包括日常的對話交流，請試著將你的付出和努力傳達給周圍的人。

如果主管能了解下屬完成工作的過程，就能放心委派任務。例如，你可以透過期中報告或成果發表等時機，適時地與他人交流溝通。如此一來，相信周圍的人也會注意到你的努力。

神會與你同在，但神並非無所不知、無所不能。天助自助者。

曾有工作是讓你覺得
「自己獨立完成
且進展順利」的嗎？

Labor×Relationships

曾有工作是讓你覺得「自己獨立完成且進展順利」的嗎？

即使你是如此認為，但也必定有在某些地方受到他人幫助。沒有任何工作是可以單人獨自完成的。你會有這種感覺，或許只是你的視野過於狹隘。

自古以來，人類就會建立社群，一起狩獵、採集與耕作，和夥伴互相砥礪，分工合作完成任務，互相分享彼此的喜悅。我相信今日的情況也沒什麼不同。

有些人可能會認為自己必須獨立完成所有工作，但那真的是他由衷所希望的嗎？我們只有一個身體，擁有的時間也是有限的。

當一個人獨自承擔一切，達到負荷極限時，很可能就會打破「4L」的平衡，進而損害身心健康。

請不要獨自承擔所有事。為了你的身心健康著想，請尋求他人的協助。

在此，我想介紹日本生技公司EuglenaCEO出雲充社長的故事。這間公司主要利用藻類「綠蟲藻」（學名：euglena）研發食品與化妝品並進行銷售，同時進行生物燃料等研究。

據說出雲社長在研究所時期就決定利用綠蟲藻拯救世界，進行研究，甚至成功創業。然而，在他期望向更多人推廣這項事業時，卻不知該從何著手，遇見重重困難。

出雲社長之所以能突破困境，全得益於商業夥伴的協助。他從此次的經驗中領悟到：「在決定好要做的事情後，下一個重點是決定『和誰一起做』。」

先夫杉村太郎去世後，我突然繼承他的公司，也從中學習到了同樣的道理。除了思考「做什麼事」之外，也要思考「和誰一起做」。不要自己承擔所有，而是要尋找能夠協助自己，共同完成獨自做不到的事情的人。

太郎曾說：**「我們人總歸都是獨自一人，但絕不是孤單的。」**請記住「你絕不孤單」。有任何不懂的地方，儘管表明疑問，並向他人尋求協助，勇敢說出「請教教我」或「請幫助我」。

與他人相互扶持，在互助過程中取得成就，也是人生的樂趣所在。

如果能和他人共同取得成就，就能同時體會到互助的喜悅、成功的喜悅和與他人分享成果的喜悅這三種幸福滋味。

在航空公司擔任乘務員的經驗，也讓我實際體會到團隊合作的重要性。

在飛行期間，乘務員會在機艙內的廚房張貼便條紙來進行溝通。

便條紙上所記錄的內容包羅萬象。包括因為沉睡而未用餐的乘客，或是小朋友的情況等等。我們會將自己注意到的事情或想分享的內容寫在便條紙上，提供其他乘務員查看及互相提醒、更新資訊。而這些相互告知的過程也都會記錄在便條紙上。

如果航班團隊合作良好，廚房中的便條紙便會被寫得密密麻麻，充滿各種資訊。

實際上，如果乘客在下機時，會對乘務員致謝，表示「真是一趟愉快的旅程」，機艙的廚房裡一定都張貼著寫得密密麻麻的便條紙。而且不可思議的是，在這樣的航班上，也許是因為工作時充滿歡笑，讓人樂在其中，下機後也不會覺得疲憊。

與其獨自奮鬥，與他人一起努力，反而能帶來更多樂趣。人類生來就是群居動物，我們會在互助合作和共享喜悅之中，感受到更多的幸福。

有沒有什麼工作是

「即使沒有酬勞，

你也願意去做」的呢？

Labor×Meaning

如果存到了足夠的金錢，可以一輩子生活無虞，你會停止工作，還是繼續工作呢？

根據統計數理研究所（ＩＳＭ）的問卷調查顯示，55％的人回答「會繼續工作」。

錢固然重要，但對許多人來說，工作並非僅僅為了賺錢。那麼，人們對於工作所重視的究竟什麼呢？

《三個工匠》是一篇很有名的寓言故事。這個故事因為人稱「管理學之父」的管理學家彼得．杜拉克曾在著作中介紹而聞名，相信許多人都曾聽聞。在此簡單介紹一下故事概要。

一位旅人遇到了三個砌磚的工匠，詢問他們：「你們在這裡做什麼？」三人各自回覆了不同答案。

第一個工匠說：「我在砌磚。雖然辛苦，但因為這是我的工作，所以非做不可。」

第二個工匠說：「我在砌牆。多虧有這份工作，我才能養家活口。」

第三個工匠說：「我們正在建造一座會名留青史的大教堂。每當想到未來會有許多人在這裡得到祝福，我就感到非常高興。」

第一個工匠認為砌磚是件辛苦又枯燥的作業；第二個工匠則認為這份工作使其得以維持家庭生計。然而，第三個工匠將建造一座成為後代子孫心靈寄托的大教堂視為一份極其有意義（Meaning）的工作。

同樣一份工作，會因為一個人對其所賦予的意義和價值，而讓人從中獲得不同的感受。第三個工匠深感自己是在「為後代世人而砌磚」，所以他無疑是三人之中最樂在工作當中的人。

在工作這個領域當中，「PERMA」中的「Meaning」最為重要。從工作中尋找出意義和價值，能使「4L」中的「工作之葉」得到最多的滋養。

根據耶魯大學管理學院組織行為學教授艾美・瑞斯尼斯基（Amy Wrzesniewski）於1997年所發表的論文，工作又可分為工作、事業與志業這三種。

「工作」（job）是為了賺錢與生活。
「事業」（career）是為了自我成長或提升社會地位。
「志業」（calling）是為了獲得成就感和社會意義。而「calling」也可以翻譯成天職。

如果以《三個工匠》的寓言故事來進行對照，第三位工匠的工作即相當於他的「志業」。

從事「志業」的人清楚自己工作的意義和價值，所以他們可以開心地工作，並從中感受到成就感。他們從事工作不是為了報酬，而是為了得到使命感，所以他們會有著「即使沒有報酬，我也願意做這份工作」的想法。

透過覺察工作的意義和價值，可以滋養掌管幸福的「四葉幸運草」中的「工作之葉」。任何工作都有其意義和價值，這完全取決於我們如何看待這份工作。

順帶一提，《三個工匠》的故事還有後續。

十年後，第一個工匠依舊一邊抱怨一邊砌磚；第二位工匠為了取得更高收入，選擇冒著生命危險在屋頂上工作；第三個工匠成為工地領班（projects manager），深受其他工匠們的敬重，而且據說他的名字也被刻在已經完竣的大教堂上。

「不管有沒有錢，我都想做這份工作！」當你對工作懷抱這種情感時，內心就會湧現深刻的喜悅，而這也是分辨這份工作是否為你的天職的重要關鍵。

有什麼工作是讓你打從心底
認為「我想做這件事」的嗎？

Labor×Meaning

「我想做這份工作。」
「我相信我一定能做到。」
「這件事似乎頗有挑戰性，我很想嘗試看看。」

如果遇見這樣的工作，請你務必積極爭取。

也許，你在類似的工作中有過成功的經驗，比如進展順利、得到他人的感謝，或是為世界帶來了貢獻。

從事這樣的工作，一定會讓你感到更加快樂，對自己更有信心。最終，這份工作將成為「只有你能勝任」的事，讓你脫穎而出。

然而，在某些情況下，即使你有想做的工作，但你所處的環境卻沒有給予機會。這種時候，不妨試著自己創造機會。

吉田和生先生是我究館的舊學員，在日本五大核心民營電視台（全國性電視台）中的某間電視台工作。受到杉村太郎從美國哈佛大學甘迺迪政府學院留學歸來的影響，吉田先生也開始刻苦學習，考取甘迺迪學院。隨後，他果斷地向電視台提出申請，表達自己想去甘迺迪學院留學的意願。

然而，當時的電視台並沒有類似前例，因此並未批准吉田先生的要求。於是，吉田先生繼續留在崗位上努力工作，同時不斷積極地向電視台闡述出國留學這件事會對公司帶來什麼樣的助益。經過五年不懈的說服，他終於獲得電視台的正式批准，重新報考甘迺迪學院，並成功通過考試。

如果吉田先生沒有持續遊說公司，就不可能獲得出國留學的機會。這個故事告訴我們，一個人的熱情足以改變環境。

「因為有我在，才能完成這件事」，「因為有我在，事情得以改善」。不斷努力，為後來的人開闢新的道路；透過自己的付出，哪怕只有一點也沒關係，努力讓這個世界變得更美好吧！

當你發現自己的行動能為周遭帶來正面影響時，你一定也會更投入其中。

另一方面，有些人即使有想做的工作，卻不得不放棄。中途放棄的夢想，往往更加令人難以釋懷，甚至可能會在人生的最後成為終身遺憾。

◆◆◆

其實我也曾經放棄過夢想。

大學時，我曾經在朝日電視台播報部門打工。而在找工作時，我原先立志要成為播報員，卻在東京某間核心電視台的最終面試關卡中被刷了下來。

雖然我也想過報考在地電視台的應徵考試，但最後沒有採取行動，放棄了自己的夢想。

後來我進入航空公司擔任機艙乘務員，過得非常充實。結婚生子之後，我搬到美國，成為全職家庭主婦，在養兒育女的忙碌日子裡，當初放棄的夢想又悄然地開始在心中萌芽。

每當觀看新聞、報紙，感受社會動向時，我的內心都會湧起一股強烈的慾望，希望自己能親口向民眾傳達這些訊息。因此，我決定在回到日本後，重新挑戰自己的夢想。

回國後，我得知坊間成立了一間新的傳播學院。不過當時女兒年紀還小，幼稚園的接送時間也很早，沒有時間讓我去上學；加上課程費用高達十幾萬日圓，對掌管家庭財務的家庭主婦來說，這可是一筆巨大的負擔。

即便如此，父母大力鼓勵我「能夠學習是件幸福的事」，且先生也支持我去上課，所以後來我決定請父母協助照顧女兒，在二十七歲那年進入傳播學院就讀，重新追尋當年的播報員夢想。

從年齡和經驗上來看，我成為播報員的機會幾乎是零。儘管如此，我還是決定抓住那微乎其微的可能性。

在上課的同時，我也報名了許多場的甄選。雖然曾有段時間，我不管參加多少甄選都以失敗收場，但我決定不再放棄夢想。

儘管屢屢收到不錄取的通知，最後我還是被一家有線電視台的節目錄用，成功當上新聞主播。

◆◆◆

隨著成長，人的夢想也會不斷改變。

其中有些人是徹底放棄某個夢想，轉而追求另一個目標。

就像不是每個人都會持續追求小時候夢寐以求的職業一樣，隨著年齡增長，人也許會產生新的夢想。

所以，如果現在的你出現了「這就是我想做的工作」的想法，請毫不猶豫地舉起雙手勇敢爭取。這個行動將引導你實現下一個夢想，進而讓你的人生不留遺憾。

有什麼工作是讓你覺得
「已經全力以赴」的嗎？

Labor×Achievement

「當時沒有盡力而為……」這種遺憾，往往會伴隨著我們走到人生盡頭。

「當年如果有更認真唸書、準備考試……」

「大學時應該更努力學習才對……」

「當初應該好好找份自己滿意的工作……」

「如果在做那件事時，有全力以赴的話……」

即使是對過去所懷抱的遺憾，現在也仍然有機會可以改寫或做出改變。

我們不僅可以改變對過去的認知，還能重新挑戰曾經一度放棄的工作，開闢新的道路。就像我再次追求成為播報員的夢想一樣。

我在電視台首次負責的工作是短短五分鐘的現場直播。儘管時間短暫，我仍然全力以赴。

我拿著碼錶，反覆練習讀稿，接著再唸給製作人聽。直播結束後，我也會一個人反覆觀看影片，自我反省檢討。所有我能做的事，我一定全部徹底執行。

我向來就不是個能幹的人，對自己也沒有自信，所以凡事只能竭盡所能。不過，在全力付出的過程中，我逐漸得到許多體悟。

首先，在我全心投入於工作當中時，即使結果不盡理想，我也可以坦然接受並感到痛快。我也因此獲得自信，認識到「自己一定可以做到這個程度」。這些都是我在盡心竭力後所得到的收穫。

哪怕只有十分鐘也好，請在這段時間內全神貫注地傾盡全力。就像每個人小時候為了學會自己所做不到的事情，一定都曾專心地全力以赴。

只要十分鐘，人就可以有所改變。透過體會精神上的專注，你便能重新找回自己曾經遺忘的全力以赴的感覺。

先夫杉村太郎在2004年所出版的《熱情的話》一書當中，留下了以下這段話。

「抱著拚死的決心去做，反正死不了的！」

有時，這句話會被人誤解其中真正的含義。太郎的意思絕對不是要人「拚死拚活地工作」，而是希望傳達一個人全力以赴、認真面對某件事，並藉此發現與拓展出屬於自己的新世界的重要性。

儘管如此，全力以赴的同時，休息也是必不可少的。

就連在四輪賽車的頂級賽事F1當中，也一定會讓F1賽車進入維修站更換輪胎。賽車手如果沒有進站換胎，選擇持續行駛的話，遲早會因為爆胎而不得不放棄比賽。

「工作」也是同理。適度的休息和放鬆，可以讓「4L」中的「工作」更加充實。

曾經參加F1賽事，和太郎友誼深厚的保時捷官方經銷商總裁兼代表董事井上達哉先生曾說過以下這段話。

「保時捷被稱為搭載世界上最快引擎的超級跑車，這句話確實沒錯。但是，保時捷真正厲害的地方不僅在於加速器，更重要的是，它擁有世界上最好的煞車系統，在必要時刻一定煞得住車，所以才能讓駕駛員安心地踩下油門。」

一個是集中精神、全力以赴的加速器；一個是在該休息時，能停下腳步的煞車系統。對於工作來說，這兩者都非常重要。

當你在工作上跨越難關後，看到了什麼樣的景象呢？

Labor×Achievement

這裡的「難關」指的是極具挑戰性的艱難任務。相信你可能也曾在工作中遭遇不知自己能否跨越的難關。

當你成功跨越難關，回頭觀望當初心想遙不可及的起點時，你有什麼感覺呢？或許路途越是艱辛，你的成就感就越是強大。

艱難的工作，是提升自我的絕佳機會。

當然，如果挑戰一個太過困難、連自己都認為百分之百不可能完成的任務，你可能會因此感到心力交瘁。然而，如果你有一絲的信心，相信自己有做到的可能性，就應該勇敢地挑戰自我。

當你勇於挑戰可能性，而不光是賭在機率上時，你將獲得大幅成長的機會。挑戰並跨越困難的經驗，將成為你的人生財富。其中一大收穫，就是提高「自我肯定感」。

正如字面上的意思，自我肯定感就是肯定自己。如果你有高度的自我肯定感，就能接受並尊重最真實的自己，包括所有優點和缺點。

自我肯定感提高時，我們更容易感受到正向情緒，也更能建立起健全的人際關係。因為感受到「自我存在」本身是有意義的，因此也能滿足「PERMA」的情感，進而成為掌管幸福的「四葉幸運草」的養分。相信自己，藉此擁有高度的心理韌性，讓自己得以從挫折或沮喪的狀態中迅速恢復。

在處理艱鉅工作的過程當中，有時可能會遇到挫折。在這種情況下，也請不要輕言放棄，試著尋求周圍人的協助，堅持努力到最後吧！

我還記得國中時，有次體育課上的是跳箱。有個同學沒有成功跳過而撞到箱子，哭著說：「我不想再跳了！」

體育老師見狀，安慰他說：「沒關係。你試著先爬到箱子上，再從上面跳下來看看。」

那位同學戰戰兢兢地走到跳箱前，爬上去後再跳下來。我現在依舊記得老師一直靜靜地守護在旁的模樣。

成年後，有次我請教那位老師：「當初為什麼堅持讓那位同學爬上跳箱後再跳下來呢？」他如此解釋道。

「如果當時讓他以失敗、害怕的心情收場，從此以後，無論跳箱再低，他也會因為陰影而不想嘗試。絕對不能讓他懷著恐懼的心結束。」

◆◆◆

即使面對艱巨的難關，也絕不逃避，堅持到底。這能幫助我們提高自我肯定感，隨著自我肯定感的提升，也會加強「自我效能感」。自我效能感是指「我一定做得到」、「我一定會成功」的感受。

當自我效能感高漲時，人們會更願意積極地挑戰各種事物。而且即使失敗，也能夠思考下次該怎麼做才能成功。

第3章

~Love×PERMA~

在親情和友誼上「了無遺憾」的人生

如果抽中環遊世界旅行大獎，
你想與誰同行呢？

Love×Positive Emotions

在土耳其卡帕多奇亞乘坐熱氣球看日出。

在法國世界遺產聖米歇爾山享用當地的經典美食歐姆蛋。

在愛琴海上的聖托里尼島觀賞白色建築物被夕陽染成橘紅色的美景。

在紐西蘭蒂卡波湖觀看世界上最美麗的星空和極光。

當你環遊世界，體驗無限感動的當下，你希望誰在身邊共享這個時刻呢？是家人嗎？還是好友？或是你的親密愛人？

能受邀參與環遊世界這等人生大事的對象，相信對你來說一定是非常重要的人。

他也一定是你值得信任，想與其共度美好時光，在你生命中不可欠缺的重要人物。

「我應該多花點時間陪伴我所愛的人。」這是許多人在人生最後一刻感到後悔的憾事之一。

當你得知自己的生命所剩無幾時，你是否會想和重要的人一起度過剩餘時光呢？

如果答案為「是」，請從現在這一刻開始，珍惜與你心目中重要之人在一起的時光。

「牢記世間有些事物是一去不復返的。」

這是杉村太郎在其著作《熱情的話》中留下的一句話。太郎在寫完這本書後不久被診斷出罹患癌症，與病魔抗爭七年半後離世。在人生的最後半年，他非常珍惜與家人相處的時光。

在某個陽光明媚的春日，我用背巾背著幾個月大的兒子，到家附近的公園安靜地遛著鞦韆。

忽然，手機鈴聲響起。我接起電話，聽到太郎詢問：「你現在在哪裡？」

幾分鐘後，提早下班的太郎大力揮著手，一臉開心地朝著我們的方向走來。

從公園回家的路上，太郎對我說。

「最近我一直盡可能地多花時間陪伴家人，你有發現嗎？」

我想，太郎是用一種「即使走到人生盡頭，甚至明天生命就將結束，內心也毫無任何遺憾」的心情，用心珍惜與家人，包括女兒、剛出生的兒子和我所共度的時光。

對我們來說，那每分每秒自然也成為了無比珍貴且無可取代的時光，這一點毋庸置疑。

這世上沒有一件事是理所當然的。然而，我們常會對日常生活中所充斥的事物抱持著習以為常的態度，往往只有在失去後，才會深刻體會到其中的珍貴，察覺一去不復返的道理。與所愛之人共度的時光就是其中之一。

每個人都是一邊「花費」自己的時間，一邊生活著。

同樣都是「花費」，在金錢方面，我們會盡量避免浪費，或是有計畫性地使用，讓錢花得有意義。

但是，對於「時間」呢？

雖然我們看不見時間的流逝，但當生命走到盡頭時，時間也會確實地如字面上的意義真正停止。然而，又有多少人會一面思考著正確的時間使用方式，一面好好地活著呢？明明我們所擁有的時間，才是真正一去不復返的。

◆◆◆

從長遠的角度來看，人生也像是一場旅行。只不過，由於人生絕大部分是由平凡的日常組成，因此我們不太會留意到與自己同行的旅人。

但是，在被問及「你想和誰一起環遊世界」這種明確需要出發前往長途旅程的問題時，你腦海中所浮現的對象，就是對你而言的重要之人。

如果察覺到對方是自己重要的人，請用言語對他表達你的感謝。否則如果明天突然別離，你肯定會後悔沒有好好地向對方傳達心中的愛。

在日常生活中，你是否會對重要的人表達感謝呢？

如果因為太過親近而未能好好傳達，請試著刻意向他們說出以下這些話。

「謝謝你一直以來的照顧。」

「謝謝你陪在我身邊。」

要向親近的人表達感情，難免會感到有些不好意思。不需要太過鄭重其事地突然表態，只要在對方有所付出時，真誠地說出一句「謝謝」，就足以表達你的心意。

僅僅如此，就能加深你和人生旅途中同行的重要之人的關係，眼前的風景也會因此變得更加耀眼奪目。

在自己的葬禮上，
你希望哪些人出席呢？

Love×Positive Emotions

你或許沒有想像過自己的葬禮。特別是日本人，往往把死亡視為禁忌話題，有些人甚至認為這種想法很不吉利。

然而，我們從出生的那一刻開始，就已經是在花費自己的時間，一步步地朝著死亡前進。

「生」與「死」本為一體，透過意識到死後的境界，可以讓我們像靈魂出竅那般，由上而下俯瞰當下的人生。

換句話說，想像自己的葬禮，也就是生命中的最後一件事，同時也是死後的第一件事，可以讓我們有機會重新審視「內心深處與他人的連結」。

在你的想像中，有許多人來參加你的葬禮嗎？也可能是只有關係親近的家人或親朋好友為你送行的家族葬禮。

有誰到場為你送行呢？他們對你說了哪些話呢？

請閉上眼，試著具體想像這些景象。

◆◆◆

你首先想到的是家人嗎？說不定也想到了朋友或者同事。

無論是誰，**你希望在這場告別儀式裡能夠到場的人，一定都是「曾經幫助過自己的人」，或是「想把接力棒交給對方的人」**。

「曾經幫助過自己的人」就如字面意思，是你希望在有生之年對他表達感謝的人；「想把接力棒交給對方的人」則是你希望能夠承繼自己想法的人。若以接力賽來比喻，就是你想把手中的接力棒傳給對方的那個人。

接棒的人可能是你的孩子，也可能是你的同事、晚輩或朋友。在你離開這個世界後，他們將帶著從你手中接過的接力棒繼續奔跑。

即使你的人生還有未完成的遺志，如果能委託給下一位跑者，相信你也會少一些遺憾。

回想起來，在陪伴許多「生」與「死」的過程中，我似乎也接下了許多接力棒。

除了已故的父親和公婆，還有補習班老師、播報員的恩師、擔任記者時期的主管，甚至我的愛犬君君，他們都透過死亡向我遞交了接力棒。

先夫在臨終前幾天留下遺願，希望我能好好接管他的公司，而這就是他傳遞給我的接力棒。我相信他現在一定在天堂看著緊握接力棒向前奔跑的我，一步步擴展他曾經渴望實現的世界。

◆◆◆

如果你心中有屬意的人選，希望將接力棒傳遞下去，請現在就告訴他們。

有些人或許會認為「自己沒有想要傳遞下去的接力棒」，但真的是這樣嗎？可能只是你自己沒有察覺而已。假設有十個人來參加了你的葬禮，就表示你已經在人生中，將不同的接力棒傳遞給這十個人。

透過接力棒傳達的心意，或許會在接棒者感到艱辛痛苦時，給予他們繼續堅持下去的勇氣。

每個人都是從別人手中接下接力棒，再傳遞給下一位跑者，藉此延續所謂的「生命」。

現在，請你試著重新想像看看。你想對誰說什麼話，並將手中的接力棒傳遞給他呢？

你曾有過打從心底讚嘆

「當時真的好開心」的回憶嗎？

Love×Engagement・Flow

讓你在回想起時忍不住感嘆「當時真的很快樂」的，是哪一段時光呢？請試著回想看看。說不定，那時你的心中正充滿了「PERMA」的情感。

充滿「PERMA」的情感，意思是你的內在正處於一種正向情緒的狀態（Positive Emotions），努力投入在某件事（Engagement Flow）上，獲得朋友或家人等周圍的人支持（Relationships），從自己的所作所為中感受到意義（Meaning），體驗到深刻的成就感（Achievement）。當你處於這種狀態時，一定會覺得很充實且快樂。

我在擔任經濟雜誌記者，採訪企業家的過程中，感受到成功與幸福之間存在某種相關性。

道理是這樣的，**並不是「因為成功而幸福」，而是「因為幸福而成功」**。與志同道合的夥伴一起努力取得成果的過程中，就存在著「幸福」。

我認為正是因為那些企業家在當下心中充滿了「PERMA」的情感，才能持續努力，最終獲得成功。

當一個人的內心充滿「PERMA」的情感時，即使當下經濟並不富裕或是尚未成功，事後回想起來也會覺得那是段充滿期待與快樂的日子。

如今回想起來，我心中充滿「PERMA」的情感，可以毫不猶豫地點頭說道「那真是段美好時光」的，是太郎正在攻讀哈佛大學甘迺迪政府學院，我們一起在紐約曼哈頓節儉度日的日子。那時的我們專心於共同向前邁進，只為了開闢眼前的道路。

那時我們才剛結婚第二年。太郎以打造出「平成的松下村塾」（譯注：松下村塾是創立於江戶時代末期，位於長州藩萩城下松本村的私塾，對日本歷史具有巨大貢獻，被列為聯合國教科文組織世界遺產）為目標，創立了「我究館」。身為館長，太郎致力於培育人才，而我也辭去乘務員的工作，擔任他的助理，全心全意地支持他的事業。

在這樣的情況下，為了培養更具國際視野的人才，太郎決定前往甘迺迪學院留學。

太郎利用工作之餘和私人時間努力學習英文，但托福成績遲遲沒有提升，無法申請研究所，陷入苦戰。

後來，為了通過考試，我們決定放手一搏，直接移居美國，選擇住在我們一直夢想居住的曼哈頓。當然，這並無法保證太郎一定會通過考試，但我們心想「如果現在不去挑戰，將來一定會感到後悔」。

我們帶著六個月大的女兒，初來乍到，搬進了一棟屋齡近八十年的一房一廳老公寓。

入住的第一天，我就發現浴缸沒有水塞，剛開始還覺得奇怪。不過，當我打開水龍頭，看見流出的水帶有鏽鐵般的紅褐色混濁時，我便明白為什麼以前的住戶不需要水塞了。

說實話，我也很擔心自己能否在這樣的環境下好好養育孩子……

我們是自費留學，所以必須動用存款，每天過著節儉的生活。牛肉太貴買不起，所以我們經常購買一堆雞肉回家，邊看食譜邊做菜，全家一起享用各式各樣的雞肉料理。

每個星期總有幾天，我會推著嬰兒車，搭地鐵轉乘去市場採購生鮮蔬果。雖然這裡的生活在某些方面非常不方便，根本無法與日本相比，但每當想起當初來美國的目標時，心中總會湧起滿腔熱忱。

我們帶著堅定的意志，相信太郎一定會考上研究所，全家齊心協力地努力生活。即使現在回想起來，那段日子仍然讓我感到無比充實，幸福洋溢。

就結果而言，太郎順利考進甘迺迪學院，實現留學的目標，成為我們最大的喜悅。然而，就算他沒有考上，我也相信我們一定會譜出另一個成功的故事。

如果人生可以倒帶，我願意再度重溫那段即使貧困，卻充滿「PERMA」情感的時光。

◆◆◆

為了生活，我們需要金錢來維持居住和飲食等生活需求；為了持續追求夢想和目標，我們也需要金錢的支持。然而，如果被金錢所迷惑，導致心靈變得匱乏，我們或許就會變得無法熱愛人生。

德國哲學家叔本華曾說：「財富就像海水，越喝越渴。」就如同「享樂跑步機」的概念，即使擁有再多的財富和物質，也終將因為變得習以為常，導致我們渴望得到更多。

正向心理學的研究也顯示，儘管過去五十年來經濟大幅成長，人們變得比以前更加富裕，但幸福程度卻停滯不前。

即使擁有汽車或豪宅，幸福程度也和五十年前大同小異。不管是金錢買不到幸福，或是金錢買得到幸福，這兩種說法都是錯誤的。

只有當人們內心充滿「PERMA」的情感，他們才會感到幸福，才能過著充滿幸福感的人生。

如果你的記憶中存在一段「當時非常美好」的時光，請試著從「PERMA」的觀點來思考為什麼當時那麼快樂。

對於現在的自己，你也可以透過套用「PERMA」的每個元素，試著感受哪些元素得到了滿足，哪些元素處於匱乏狀態，接著逐步填補那些你認為自己缺失的「PERMA」元素。

例如，如果你缺乏正向情緒（Positive Emotions），可以試著在生活中做出一些小小的改變。嘗試走條不同的路線，或是在日常生活中加入散步等輕度運動，都會有顯著的效果。將你熱愛的事物融入生活（Engagement Flow）、多花些時間和你感覺自在的人事物相處（Relationship），或是參與你認為有意義的活動（Meaning），即使是小事也設定目標並努力完成（Achievement）。

如果「現在」充滿了「PERMA」的情感，那麼你就能活在當下。當你未來回憶起往事時，也會真心覺得「當時真的很快樂」。

有沒有什麼事是你

「隨著年紀增長才有所領悟」的？

Love×Engagement・Flow

隨著年齡增長，人們會從經歷中學到許多東西，因此不斷成長。憑藉電影《疑雲殺機》獲得奧斯卡最佳女配角獎的女星瑞秋・懷茲曾說：「當一個人隨著年齡增長變得更加睿智，經驗更為豐富時，做起事來應該會更容易，也會變得更有自信。」

和十年前的自己相比，你應該會發現現在的自己擁有當時所沒有的智慧、覺悟和自信。

我現在四十多歲，正值人生的正午。

「人生的正午」是瑞士分析心理學家卡爾・榮格（Carl Gustav Jung）所提出的概念。他將人的一生比喻為太陽一天的運轉，「人生的正午」剛好是生命的前半段和後半段的分界時期。以年齡來說，「正午」大約是四十到五十歲之間。

太陽從東方升起，過了正午時分後朝西方落下，逐漸日落。在這段過程中，以正午為界，會出現明顯的變化。

這個變化是指正午前陽光照射到的地方會開始被陰影籠罩；而原本被陰影籠

罩的地方則開始照射到陽光。隨著夕陽西下，原本刺眼的陽光也逐漸變得柔和。

榮格強調，用正向態度迎接「人生的正午」非常重要。就如同正午過後，陽光照射的地方和陰影位置會發生變化一樣，人生在正午過後，興趣、關注的事、想法和價值觀都會產生變化，生活方式也會隨之改變。

如此看來，年齡增長並不僅是意味著逐漸老去，**那些曾經被陰影掩蓋的部分，會因為照射到新的光芒而逐漸展現出來。這也是年齡增長的一個面向。**

在人際關係中，人們會隨著年齡增長而逐漸成熟，變得更珍惜家人和朋友，感恩他們的陪伴，從中感受到幸福。

隨著年齡增長，我們也更能體會到年輕時無法理解的人性。當我們注意到其他人的性格時，也會意識到自己的不足，或許就能從中拓展出新的交友圈。

就我個人的情況而言，自從迎來人生的正午之後，我開始深刻體會到將餘生用來幫助他人是件非常有意義的事。

正如俗話常說：「助人為快樂之本。」

正向心理學創始人塞利格曼博士也表示，他原先研究的是心理學中的負面情緒，比如「習得性無助與憂鬱症的關係」，後來慢慢往正向領域研究的過程中，才發現到「幫助他人」具有抗憂鬱的作用。

塞利格曼博士指出，比起思考如何讓自己變得快樂，思考如何幫助他人更能讓自己感到幸福。他認為，要做到這一點，我們需要了解自己、了解重要的人，思考自己能為他們做些什麼，如此一來也會提升「PERMA」的情感。

「為自己」和「為他人」，兩者之間並非對立關係。為別人付出的越多，自己也會變得越富足。當我們的內心得到充實和滿足，心中的那杯水也會越來越滿，甚至溢出，從而更友善地對待他人。

自己做了什麼固然重要，但隨著年齡增長，我們更能在思考如何為他人付出並付諸行動的過程中找到幸福。而這種幸福，也可以說是一種更深入人心的感受。

你是否有著
「只能和那個人說的話」
？

Love×Relationships

舉例來說，你只會和那些知道自己童年時光的家人或青梅竹馬分享「童年回憶」。

你也只會和高中同學談起「高中回憶」。剛進公司工作的新人時期的經歷，大概也只會跟同期同事分享。同樣的道理，喜好的話題也只存在於同好之間。所謂的「回憶」，只會和那些擁有相同經驗的人分享。而這些能和你共享「回憶」的人，對你來說都是獨一無二的。

正向心理學認為，**人類是在與形形色色的人建立「連結」的過程中，發現自己存在的意義**。當連結的領域越多樣時，個人也就擁有越多種存在的意義。

澳洲作家布朗妮．威爾（Bronnie Ware）從事安寧照護工作多年，其著作《和自己說好，生命裡只留下不後悔的選擇》（繁體中文版由時報出版出版）已被翻譯成二十六國語言。他在書中提到，人生中最常見的五個遺憾，其中之一就是「未能和朋友保持聯繫」。

即使在人生的最後一刻發現自己忽略了與重要朋友或夥伴的聯繫，時間也無法倒流。

如果你已經有一段時間沒有和好友見面，請務必與他們聯絡。你的朋友或許也曾想起你，並且與你有相同的感受。相信你們光是聽到對方的聲音，就會充滿懷舊之情。彼此聊起往事，在談笑之間，那些珍貴的回憶都會鮮活地浮現在眼前。

分享共同的回憶，不僅能重建與疏遠的朋友之間的聯繫，也能增進與親密伴侶之間的感情。你們在一起的時間越長，兩人共同經歷的體驗也越多。一起翻看過去的照片、拜訪以前常去的餐廳、回憶往事，這些也都是只能和曾經共度時光的人一起做的事。

打開心中珍藏的記憶之門，你一定會發現無數的寶藏。旅行時抬頭仰望的滿天繁星、看著太陽慢慢沒入地平線的時刻；孩子出生的那天，或是孩子踏出人生第一步當下所體驗到的感動。

兩個人的回憶，確實只能在兩個人之間分享。

即使是微不足道的小事，也會因為與伴侶分享而變得意義非凡。
從現在開始，請好好回顧你們在人生中一路走來共同歷經的艱辛與情感。
這麼做一定會使你們重溫當時的感受，讓彼此的連結更加緊密。

你可以在誰的面前「任性地做自己」？

Love×Relationships

我們生活在社會中，透過互相交流，扮演著各自的角色。

這些角色包括「公司員工」、「公務員」、「醫生」等職業上的角色，也包括「主管」或「部下」等組織團體中的角色。其他還有家庭中的角色，例如「父親」、「母親」、「丈夫」、「妻子」、「女兒」和「兒子」等等。

在生活中，我們需要同時扮演著不同的「角色」。特別是在成年之後，為了兼顧工作與私人的角色，我們必須履行各自的責任，在這樣的情況下，可能就沒有太多的空間讓我們「任性」。

這裡的「任性」指的並不是不顧他人或周遭情況任意妄為，而是直接了當地表達出**「自己真實的感受」**、**「做真正的自己」**。

長期處在無法表達真實感受的情況下，任何人都會活得很痛苦，有時甚至會搞不清楚自己的意願到底是什麼。

有人會陪你聊心事、讓你撒嬌或聽你抱怨嗎？

這樣的對象，一定是你也願意對他敞開心房的人。願意對他敞開心扉，表示在面對那個人時，你可以毫無戒備地坦然相對，不會有太多的顧慮，可以自在地展現真實的自我。這樣的人，也可以說是你的「知己」。

真心話並不是對任何人都能傾訴的。只有對自己信任的人才能吐露。每個人都渴望尋得「知己」，擁有值得信任、也能深入了解自己的對象。在這樣的人面前，我們才能卸下社交面具，真正地放鬆下來。

當有人願意接受真實的你時，那個人就可以說是最令你感到安心，也是對你來說無比珍貴的人。

如果你擁有可以任性撒嬌的對象，他就像是一個港灣，讓你得以回歸最真實的自我。請好好珍惜對方。

改變了你的人生的「命運的邂逅」是什麼呢？

Love×Meaning

回顧過往人生，你或許會發現自己歷經了無數次的相遇和離別。其中，一定有一些「難忘的邂逅」，徹底地改變了你的人生。

回憶這些如同命運般的邂逅，自然也會讓我們回顧起自己的人生故事。

人生如戲，儘管在人生舞台上，隨著場景變化，登場人物不斷改變，但身為主角的自己始終都在這些邂逅和離別的故事中不斷成長，逐漸活出屬於自己的人生主題。

在我的人生中，每當歷經重大的轉折時，總是伴隨著與人的邂逅和離別。其中，和杉村太郎的相遇，讓我領悟到追逐「夢想」的重要性和喜悅；與他的離別，則讓我感受到「自己應盡的使命」，並堅信「人生的意義不在於活得多長，而是在於是否充滿熱情地活在當下」。

包括前文中所提及的廣告文案策劃人佐佐木圭一先生在內，許多人都曾告訴我，他們在透過我究館或英語教練學院「Presence」，以及《絕對內定》和《熱情的話》等書籍認識杉村太郎後「人生所發生的變化」。甚至還有人說遇見太郎後，自己的命運徹底改變。

某家進口汽車代理商的業務員也是其中一人。

太郎非常喜歡車子，開車兜風更是他的愛好之一。只要看上喜歡的車型，他就會用貸款買下。他最喜歡的車款即是保時捷。

結束美國留學後歸國的第二年，儘管當時已經被診斷出癌症，太郎還是興奮地帶著全家人一同前往保時捷展示間。

當他專注地看著那輛閃閃發光的保時捷911時，一名笑容可掬的業務員走過來向他搭話。太郎一個接著一個地不斷詢問車子的性能，看起來非常開心，彷彿忘了自己是個病人。

也許是被太郎的熱情所打動，業務員主動詢問：「您要試駕看看嗎？」

太郎立刻眼睛發亮地回答：「真的可以嗎？」於是我和女兒留在展示間，太郎則滿心歡喜地和業務員一起坐上試駕車，駛離展示會場。

以下這段是太郎去世後，那位業務員和我分享的內容。

為了體驗高速駕駛，他們開往第三京濱道路。在車內，太郎邊開車邊聽業務員介紹車子，然後問道：「你的業績應該很好吧？」

據說，當時那位業務員在全國銷售排行榜上一直穩居第三，被譽為新生代王牌業務。他已婚，非常注重工作與家庭生活之間的平衡，所以當時他自信滿滿地回答：「我並不追求成為頂尖業務員，只要能在已婚的業務員當中奪得第一就夠了。」

太郎聽聞臉色大變，猛地踩下油門，說出了意想不到的回應。太郎說：「這樣的話，你乾脆辭職算了。既然要做，就應該以第一為目標，這樣不僅比較帥氣，而且還更有趣。」

業務員與太郎素未謀面，對太郎突如其來的尖銳言詞感到困惑也是理所當然的事。

然而，太郎嚴肅的眼神讓他覺得自己似乎被看穿了弱點，讓他發覺自己其實只是在為自己找藉口，封印了自我潛能。他似乎也感受到太郎話語間的鼓勵，彷彿在告訴自己：「只要想做，你就肯定能做到；即使未能達成目標，也會比完全不去嘗試來得更好。」

儘管只有短短數分鐘，卻深深觸動了他的心靈。多年後，這位業務員在堅守自己「重視工作與生活的平衡」這個價值觀的前提之下，成功奪下了全國第一的佳績。

爾後，他被委以管理重任，現在更成為了公司的代表人。這個人就是前述在「加速器與煞車」一文中所提及的保時捷官方經銷商總裁兼代表董事井上達哉先生。

如今井上先生站在為許多人提供諮商的立場，心有戚戚地說道：「就像太郎當初待我那樣，我現在也會根據每個人的情況認真思考，確實地向對方傳達我真誠的鼓勵與支持。」

奔馳在第三京濱道路上那短短幾分鐘的相遇，就足以改變人的一生。

你一定也有過許多如同命運般的邂逅。這些邂逅塑造出今天的你，為你的人生主題造成影響。

每個人都有自己的人生主題。這個主題會為你的生命賦予意義和重要性（Meaning）。

「意義」並不一定要多宏大。過去每一次的邂逅中都蘊含著意義。當你能從這些邂逅中找出意義時，就會開始意識到這些連結都是獨一無二的「緣分」。

你認為自己曾對他人
產生過「正面影響」嗎？

Love×Achievement

這個問題是希望你能回想看看，自己是否曾有為他人帶來正面影響或改變的經驗。不需要是什麼大事，再小的事也無妨。

例如，「對我來說只是舉手之勞，對方卻因此十分感謝」，或是「無意間的善意舉動，竟讓對方非常高興」。請試著回想你曾經對他人產生正面影響的事蹟。

當你的一舉一動讓他人笑逐顏開，讓他們心情變得更好時，你有什麼樣的感受呢？是否因此感到開心，覺得內心滿足呢？

美國加州大學河濱分校心理學教授索妮亞・柳波莫斯基（Sonja Lyubomirsky）博士另外還有開辦正向心理學課程。他在著作《這一生的幸福計劃》（繁體中文版由久石文化出版）中指出：「善待他人，是一種有效獲得幸福的行為習慣。」

柳波莫斯基博士的實驗中顯示，效果最顯著的方法是「每週選定一天（例如每週日）做一件全新且特別的大善行」，或是「做三到五件小善行」。

或許，每個人都曾經體會過「做好事會帶來好心情」這件事。然而，柳波莫斯基博士的實驗是第一次從科學角度證明**「做好事」會帶來幸福**這個道理。

此外，柳波莫斯基博士還列出了以下幾種能提高幸福感的「善行」。

◇**如果無法捐獻金錢或贈與物質，那就奉獻時間。**

例如：幫忙修理東西或在庭院除草。

◇**為對方帶來驚喜。**

例如：烹煮平時不會做的家常菜、送禮或是寫信。

◇**採取過去不太會做的行動。**

例如：以禮相待那些口出惡言的人。

◇**培養更多的同理心。**

例如：對處在困境中的人表示同情，並試著理解他們。

透過這些小小的「善行」，不僅能讓別人感到開心，自己也能獲得幸福。追求自己的快樂固然重要，但不僅限於此，試圖為他人的幸福做出貢獻，可以讓人獲得長期且高度的滿足感。這個事實在正向心理學中，也是一項重要的發現。

「體貼」意指設身處地為別人著想，思考對方的需求和感受並採取行動，給予他人協助。

「體貼」是一種同理的力量。透過體貼他人的舉動，我們可以與社會維持連結，同時建立更美好的人際關係。為了通往幸福人生，「體貼」可以說是一種最簡單且舉手之勞，可以立即實踐的有效方法。

第4章

~Leisure×PERMA~

在自己的時間上「了無遺憾」的人生

如果沒有工作，你還剩下什麼？

Leisure×Positive Emotions

社會人士以工作為中心的生活模式並不稀奇，也有人直言不諱地說自己的興趣就是工作。

然而，如果那份工作有退休限制怎麼辦？當你從占據人生重心的工作崗位上退了下來，你還剩下些什麼呢？

如果你無法想像自己除了「工作（Labor）」以外的生活，請藉此機會重新思考你在「4L」中的平衡。你投入了多少時間在「Love（和家人或朋友共度的時間）」、「Leisure（休閒）」和「Learning（學習與自我成長）」這其他三項元素中呢？

身處現代社會，我們已經邁向必須同時規劃退休後的人生的時代。

人力資源與職業生涯顧問楠木新先生在其著作《退休後》（書名直譯，中央公論新社出版）中寫道，退休後，我們大約擁有八萬小時的自由時間，這段時間甚至比我們從二十多歲到六十多歲的工作時間還長。

目前正在工作的人可能很難想像退休後的生活，但在聽到「退休後的自由時間可能比在職中的工作時間還要長」後，相信你應該能稍微感受到那段時間的漫長。

工作再怎麼有趣，如果過度投入，經常處在全力奔跑的狀態，還是有可能會危害到身心健康。

請有意識地安排「4L」，建立一套工作、家人和朋友、休閒、學習與個人成長的生活組合，並盡量取得其中的平衡。

就我個人而言，當工作不順利，或是需要做出重大決定時，我會刻意安排一些「休閒」時間。

比起時間長短，更重要的是能否真正從緊張狀態中抽離。「休閒」可以為心靈補充能量、整理思緒，讓我們能夠做出冷靜的判斷，也能為工作注入新的活力。當我們重新投入工作時，便又能再次產生新的能量。

即使在「4L」中，只單獨討論「工作」和「休閒」兩者，也能明顯發覺它們是維持能量良好循環不可或缺的元素。

心無旁騖地投入工作時，在無意中累積壓力是常有的事。

壓力也被稱為「殺手壓力」，已被證實對精神和身體健康都會造成不良影響。過度的壓力會危害身心健康。

然而，在正向心理學中，壓力並不全然都是不好的。問題在於沒有等待充分的恢復便持續累積壓力。

重量訓練也是一樣，持續且循序漸進的鍛鍊可以強化肌肉，但如果持續對肌肉施加過度的負荷，沒有適當地休息，肌肉纖維就會受損，導致慢性疲勞，甚至受傷。

研究證實，適度的壓力能成為良好的刺激。適度的壓力也是一個鍛鍊和增強心理韌性的好機會。

「休閒」時間可以有效紓解壓力累積所造成的損傷。

「休閒」又可以寫成休息閒暇，因此有些人會認為那是一段不事生產又浪費的時間。然而，休閒的英文「Leisure」一詞源自拉丁語「licere」，意思是「獲准的」、「自由的」，帶有隨心所欲、不受拘束的含義。

研究顯示，自由享受「休閒」時光，不僅能提高工作效率，還能提升整體生活的生產力和幸福感。

美國俄亥俄州立大學賽琳．馬爾寇克（Selin Malkoc）副教授等人的研究指出，認為「休閒」是浪費時間的人更容易感受到壓力和憂鬱情緒，而**重視「休閒」的人則更為正向積極，容易感受到幸福**。

一直以來以工作為重的人，可能會對「休閒」感到不知所措。

如果遇到這種情況，不妨和身邊的人一起嘗試他們樂在其中的事。

除此以外，也可以試著重拾以前的愛好，嘗試一些在書店雜誌區或網路上發現的有趣事物；或是接受邀請，參加聚會；嘗試別人推薦的活動等等，總之請先邁出一小步。如果在工作以外也能找到樂在其中的喜好，不僅能發現自己新的一面，也能讓身心都煥然一新。

或許有些人會覺得自己實在太忙，沒有可以閒下來的時間。然而，即使只有一下下也沒關係，還是可以做些「休閒」的事。

其中最簡單又方便的「休閒」就是活動身體。塞利格曼博士推薦散步，他還特別指出，運動對憂鬱症患者相當有效。據稱，憂鬱狀態是一種「不想動」的狀態，而與之相反的「活動」，就是抗憂鬱最有效的方法。

研究指出，實際運動時會刺激交感神經，容易促進正向思考，這也是為什麼人們常說健身有益於心理健康。

這就類似於有意識的微笑會牽動臉部肌肉，令大腦以為是快樂的反應，進而產生快樂的感覺。同樣地，先活動身體，心情自然也會變好。

據說散步會動用到全身三分之二的肌肉。若能將散步融入日常生活當中，相信更有益於維持身心健康。

如果你的生活是以工作為重心，不妨每天抽出十五分鐘，在工作之餘外出散步，呼吸新鮮空氣。

在休閒時，最重要的是抱持「享受」的態度。在開始嘗試新事物時，起初可能會覺得有些提不起勁，然而，在探索或了解自己以前未知的世界時，通常應該會覺得興奮有趣。

即使年齡不斷增長，我們仍有許多不知道的事。請愛惜自己，保持身心愉快。做自己所選擇的事，不僅能帶來滿足感，也有助於提升自我肯定感。

你在什麼時候
會出現「整理環境」的想法？

Leisure×Positive Emotions

忙得不可開交時，房間再怎麼凌亂似乎也不怎麼在意。然而當工作告一段落，或是心境上稍微放鬆時，你是否也會突然在意起周遭環境，進而興起收拾整理的念頭呢？

我認為，能否保持環境井然有序、乾淨整潔，似乎也反映出當下的心境。舉例來說，工作繁忙時，沒有心思整理環境，桌面總是雜亂無章，找不到想要的東西，令人煩躁不已。更糟糕的是，如果眉頭深鎖，不悅的情緒還會傳染給周圍的人，使氣氛變得更糟。

這樣的情景，你是否覺得聽起來很熟悉呢？有時，我們甚至會把這種諸事不順的情況歸咎於「運氣不好」。

然而，如果平時桌面保持整齊，不需要浪費力氣尋找物品，自然也就不會因此產生負面的連鎖反應。成也整理，敗也整理。

以前，我在經濟雜誌擔任記者時，曾經採訪過某間證券公司的董事長。

董事長室的辦公桌整理地非常整齊。我在採訪時提到這一點，董事長如此回答：「只要看看自己的桌面，就能知道自己當下的心態是否從容不迫。我現在狀態很好。」

反思我自己，工作壓力大時，不僅家裡凌亂，內心也不平靜；而心境平穩時，通常更能認真地打掃環境。

當環境井然有序，舒適宜人時，你會發現不僅物理空間美觀，內心也變得沉穩平靜。

先夫過世後，有好一段時間，我拚命地努力度過每一天，連化妝打扮自己的力氣都沒有，更別提整理家務。

然而，當我看著當時小學六年級的女兒為了考上好國中而努力念書，還有未滿一歲的兒子奮力抓著東西學習站立時，我開始覺得自己作為母親，不應該再繼續原地踏步了。

那時，我第一個想到的是塗口紅這件事。後來，我也開始整理頭髮，漸漸地，身邊的環境變得越來越有條不紊。

如今回想起來，我認為「塗口紅」這個不經意的動作，似乎是我找回內心平靜，重新站起來的象徵。

即使不是歷經與親人離別或悲傷的事，我們也很容易在忙碌之中，不知不覺地失去心靈上的寬裕。

儘管從外表看不出內心的狀態，但從凌亂的房間，或是疏於整理儀容打扮等表現，多少都能窺見一二。

建議你經常環顧自己所處的空間，或是看看桌面，當作是一面映照內心狀態的鏡子。如果你覺得有些地方很凌亂或很礙眼，請不要拖延，設法稍微整理周遭環境。

如果突然想要大掃除，也可能因為忙碌而一拖再拖。總之先從小地方開始，在當下能力所及的範圍內動手整理。

常言道，把「忙」字拆開，就是心亡。越是這種時候，我們就更應該有意識地整理身邊的環境，讓心靈也跟著井然有序。

當你既不在公司，
也不在家人面前，
「真實的你」是什麼模樣？

Leisure×Positive Emotions

如同上一章所提到的，我們在生活中會需要扮演各種「角色」。那麼，當你摘下所有社會化的面具後，你是什麼樣的人呢？

請試著想像自己遠離工作、遠離家人、遠離朋友。閉上眼睛，像小鳥飛翔在高空一樣，向下俯瞰「真實的自己」。

即便如此，我想或許還是有些人不知道什麼是「真實的自己」。

也許你已經習慣壓抑自己的意見；也許你很在意別人對自己的看法；也許你常拿自己和他人比較。為了察覺「真實的自我」，我建議各位不妨嘗試「正念（正念冥想）」。

在此突然提起正念或冥想，有些人可能會覺得很困難，但正念或正念冥想的理論正逐漸普及，包括Google、蘋果、英特爾、臉書（現改名為Meta）等外商公司在內，許多公司都將其納入培訓課程的一環。不妨將之視為一種調整心靈的方法。

正念是指「有意識地覺知當下，用不帶批判且不受拘束的態度接受一切」。在美國麻省理工學院（MIT）的正念中心也已證實，正念具有放鬆身心、舒緩壓力和提高專注力等效果。

在正向心理學中，正念也被視為一種提高幸福感的方法。透過正念，我們會變得能夠接納自己的情感，面對自己真實的感受。「接納自己的情感」也可以說是肯定真實的自我。正念，就是傾聽真實自我的內在聲音。

任何人都可以從今天開始練習正念，這一點都不困難。舉例來說，在《最美好的都在此刻》（繁體中文版由橡樹林出版）一書中，作者介紹了一些在日常生活中練習正念的方法，像是試著使用非慣用手、傾聽周圍的聲音、深呼吸三次，最後用感恩的心結束一天等等。

練習正念有很多種方式，在日常生活中，我個人是以「三溫暖」作為練習來調整身心。

剛步入四十歲時，或許是因為長期過度勞累所致，我開始明顯感受到自己的身心狀況不佳。

周圍的人似乎也察覺到我的狀況，公司同事因此建議我：「你去試試看三溫暖。總之先去一次看看，相信我，你一定不會後悔。」

在那之前我也有洗過三溫暖，但只是為了流流汗，而且都只進去一次就結束。我覺得冷水浴太冷，連腳趾頭都受不了，所以也從來沒有在冷水池中浸泡到肩膀過。

不過聽到同事那麼熱情的推薦，我便決定照著他教我的入浴法，再嘗試一次看看。

那套入浴法是：先進入蒸氣室待十分鐘，再去冷水池浸泡到肩膀一分鐘，接著待在戶外休息一分鐘，以上流程重複三次（請注意，身體不適或患有高血壓、動脈硬化、心律不整等慢性疾病者，容易因蒸氣室與冷水池的溫度差異產生熱休克，請務必根據自身健康狀況酌量進行）。

第一次嘗試時，我必須鼓足勇氣才能走進冷水池中。然而，當我集中精神在冷水池中保持不動時，我感受到身體周圍微微發熱，彷彿裹著一件薄薄的衣裳。接著，我感受到通體舒暢的感覺，彷彿腦中的迷霧逐漸消散。如此重複三次後，我驚訝地發現身體變得非常輕盈，思緒也更加清晰，整個人神清氣爽。

我事後才察覺，自己在三溫暖中不知不覺地體驗了正念冥想。

正念是將意識集中在「當下這個瞬間」，不管過去或未來。在高溫的蒸氣室中，會自然而然地專注在流淌的汗水和自己的呼吸上，面對當下的自我。同樣地，在冷水池中忍過一開始的冰冷後，會漸漸地感受到皮膚的溫暖，彷彿包裹著一層無形的衣物，意識也會集中在這種感覺上。

三溫暖源自於北歐芬蘭，那裡的冬季漫長，且日照時間短，據說是人們為了在永晝和永夜期間調整心理健康而發展出來的活動。截至2022年，在「世界最幸福的國家」排名中，芬蘭已連續五年蟬聯第一名的寶座。三溫暖所帶來的愉悅感也許功不可沒。

透過三溫暖，我體驗到了正念，並將之融入日常生活中，養成保養身心的習慣。

我鼓勵各位根據自己的生活方式，將正念融入生活當中。

如果要獨自一人
在無人島待一週，
你會帶什麼東西去？

Lesiure×Engagement・Flow

聽到要去「無人島」時，你會想到帶什麼東西呢？為了生存，你可能會想到求生包、打火機或帳篷等工具。

那麼，假設這座島上有乾淨的河水可以飲用，還有供應食物和住宿的小屋，但是沒有供電、手機也沒有訊號，有的就只是非常充裕的時間。在這樣的前提之下，你會帶什麼過去？

有人帶了讀到一半的書。

有人為了享受釣魚時光而帶上釣竿。

有人為了潛到海中而攜帶潛水裝備。

有人帶上登山鞋，打算來場島嶼探險。

有人帶了畫布和畫具去畫畫。

有人帶了心愛的筆和筆記本去島上寫作。

每個人的想法都不盡相同。

在日常生活中，無論有再多時間，我們也經常會被「待辦事項」追著跑，或是無所事事地虛度光陰。

當有人問你：「如果有充裕的時間，你想做什麼？」如果一時間你答不上來，就可能表示你對於傾聽內在聲音，了解「自己真正想做的事情」的能力變得比以前遲鈍。

透過「無人島」這個遠離現實的假設，或許可以幫助你釐清，如果擁有自由的時間，你究竟想做什麼，了解現在你內心的渴望。

如果想到衝浪、爬山等戶外活動，表示現在的你或許非常想要活動身體。

如果想到畫畫或寫小說等創作性活動，或許你有創作的慾望。

如果想到閱讀，或許你非常渴望汲取新的知識。

如果想到鋪一張野餐墊，躺在上面悠閒地看海或天空，或許你渴望的是靜心思考，與自己對話的時間。

儘管每個人的想像都不盡相同，但都有一個共通點——這些「真正想做的事」，不必去到無人島也能實現。

人生只有一次。如果你有想做卻還未付諸行動的事，何不從現在就開始實踐呢？別忘了，你的人生掌握在自己的手中。

哪三件事讓你深刻體會到「時間在不知不覺中流逝」？

Leisure×Engagement · Flow

不知不覺間，時間就過去了。在正向心理學中，這種狀態稱為「心流」（PERMA中的Engagement Flow）。以日語來說，就是接近投入或專注的精神狀態。

美國心理學家米哈里．契克森米哈伊（Mihaly Csikszentmihalyi）博士以「幸福」、「創造力」、「主觀的幸福感」和「樂趣」為研究主題，發現**「心流」是提升幸福感的重要因素**。

當一個人專注到忘記時間，進入「心流」時，據說大腦會釋放多巴胺、血清素、內啡肽等讓人產生愉悅感的神經傳導物質。

研究普遍認為多巴胺還有減輕壓力的作用。全神貫注在自己喜愛的事物上，可以舒緩壓力，而這也是多巴胺的功效。

「感覺時間在不知不覺中流逝的三件事」，面對這個問題，能夠立即聯想出答案的人，說明你已經知道自己在心流狀態下充分善用時間的愉悅感。若能有意識地將這些融入日常生活中，你的時間一定會過得更加充實。

提到「心流」，有些人或許會認為那只會發生在特殊人士身上，就像是常聽說頂級運動員在比賽中進入心無旁騖的境界。然而，「心流」是每個人都能體驗的精神狀態。

例如，運動就是一種即使不是運動員也可以輕易進入心流狀態的活動，像是滑雪、衝浪或抱石等需要高度專注力的運動，特別容易讓人進入心流狀態。從事喜好或日常活動也會出現心流。比如繪畫、演奏樂器、寫作、拼圖或玩遊戲，當一個人忘我地投入在這些活動當中時，也會產生心流。甚至有些人在洗碗、打掃、做菜或整理時也能進入心流狀態。

以我個人為例，早上如果有些空閒時間，我喜歡玩園藝，有時甚至會忘記時間，回過神來才急忙地出門去上班。這或許就是一種心流狀態的體現。

當我全神貫注地修剪枝葉或整理土壤時，我的意識會集中在觀察植物和土壤的觸感上，就和正念的感覺十分相近。

將這些愉快的時間融入日常生活中，你會感受到每天都很充實與滿足，壓力也會慢慢減輕。

進入心流狀態有個前提，就是要有明確的目的或目標。提到目標，可能會讓人以為必須設定很宏大的理想，但其實小小的目標就可以了。以園藝為例，可能是今天把這個花盆整理好，或是拔除這片區域的雜草等等。

此外，設定**「有點難度但又不至於無法達成的目標」**，會比極為困難的目標更為有效。太容易達成的目標，容易令人感到厭倦；太困難的目標，則容易讓人放棄。設定稍微有點難度的目標，並以挑戰的心態去嘗試，自然就能享受進入心流的狀態。

請試著在你平常覺得「有趣」的事物上設定一個小小的目標，相信你一定能從中發現，充滿幸福感的快樂時光就在自己身邊。

如果中了一億樂透，
你會和誰分享喜悅？
會和他在哪裡、做什麼事？

Leisure×Relationships

恭喜！你隨手購買的彩券中獎了，贏得一億日圓！接下來，你打算如何利用這筆錢呢？

購買透天厝或公寓。

購買一幢坐落在豐富自然中的別墅。

購買夢寐以求的車款。

出國旅遊。

盡情品嚐高級美食。

去趟太空旅行（暫不考慮實際費用）。

每一項都是如此美好，令人興奮又期待的事。

然而，如果每件事都只有你獨自一人享受的話呢？

即使擁有滿意的家，一人獨居，和與家人或心愛的人住在一起，是兩種截然不同的喜悅。出國旅遊也是如此，和重要的人一起旅行，會比獨自旅行（姑且不論特意選擇獨旅的情況）來得更加有趣。高級的美食也一樣，和他人共享美食，愉快地邊吃邊聊天，想必會更加美味。即使有機會來趟太空之旅，倘若只能獨自一人從太空眺望地球，無法與任何人分享這份美麗，不覺得可能會感到孤單或些許遺憾嗎？

無論可以自由支配多少金錢，若是只把錢花在自己身上，並不會讓人感到幸福。和別人一起花錢，反而更能提高幸福感。

《快樂錢：買家和賣家必讀的金錢心理學》（繁體中文版由天下文化出版）的作者，同時也是哈佛大學商學院行銷學專家麥可・諾頓（Michael Norton）博士透過實驗證實了這一點。

諾頓博士在加拿大溫哥華舉行了一場實驗，將受試者分為兩組，一組只為自己花錢，另一組則為他人花錢，並比較兩組對幸福感受的變化。

實驗開始時，會先測試每位受試者當前的幸福感受，接著他們會收到一個信封，每個信封裡都裝有錢和一張紙條，一半的受試者的紙條上寫著「請在今天下午五點之前，把這筆錢花在自己身上」；另一半的受試者的紙條上則寫著「請將這筆錢用在別人身上」。

信封裡的金額從五美元到二十美元不等，受試者根據指示使用這筆錢。當天晚上，受試者再次被詢問到幸福感受時，結果顯示「為自己花錢」和「為他人花錢」兩組之間的幸福感受並沒有顯著差異。

然而，幾天後和一週後，再次分別調查受試者的幸福感受時，結果卻出現了明顯的變化。隨著時間的推移，「為自己花錢」這組的幸福感受逐漸降低，但「為他人花錢」這組，不論金額大小，都維持著同樣的幸福感受。

諾頓博士在比加拿大貧困的非洲烏干達進行了同樣的實驗。結果再次顯示，「為他人花錢」這組的幸福感受更加持久。從這些例子應該可以明白，如果你認為「金錢買不到幸福」，問題可能出在金錢的使用方式上。

在「TED Talks」演講中，諾頓博士對這項實驗做了以下總結。

「重點不在於『購買這個商品會讓你變得幸福』或是『那個商品不會讓你

感到快樂』，而是『為誰而買』。即使金額不大也無妨，請試著思考，這些錢能為他人做些什麼。相信你一定能得到比金錢更珍貴的東西。」

把錢花在自己身上也未必會感到幸福。相反地，把錢用在別人身上會帶來更多的幸福感，而且這種幸福感會更持久。

人們常說「金錢買不到幸福」，但諾頓博士指出，如果用「利他」的方式，為其他人花錢，是可以用金錢買到幸福的。

這個道理並不僅限於金錢方面。正向心理學指出，**為他人付出自己的勞力或時間，或是為他人的幸福著想，可以帶來持續且高度的滿足感**。

基於以上種種，我認為**「並不是因為有錢可以花而感到幸福，而是因為有可以一起花錢的人（或是有想為他花錢的人）而感到幸福」**。

你能在自己的能力範圍內，為他人帶來快樂嗎？

Leisure×Meaning

第二章介紹了正向心理學中的「人性普遍優點」，歸納出包含以下二十四項「優點」的六種美德。

◇**知識與智慧**：創造力、好奇心、熱愛學習、洞察力、宏觀視野。

◇**勇氣**：誠實、勇敢、毅力、熱忱。

◇**人道**：善良、愛人的力量（被愛的力量）、社交智慧。

◇**正義**：公正、領導力、團隊合作。

◇**修養**：寬恕、謙遜、謹慎、自律。

◇**超越**：審美觀、感恩、希望、幽默、靈性。

當被問及「你的優點是什麼？」時，很少有人能自信地回答。儘管旁人看得一清二楚，但我們往往很難察覺自己的優點。

為了了解自己的「優點」，可以利用自我分析工作表或接受培訓指導等方法，藉以深入了解自己。

透過前文所提到的「VIA－IS」測試進行檢測，在閱讀問題並選擇答案的過程中，可以認識自己的優點。

正向心理學認為，察覺自己的「優點」，並在生活中充分發揮這些優點，是構成幸福生活的重要元素之一。

另一方面，「VIA－IS」測試中並不會指出「缺點」。這項測試著重在發揮「優點」，藉以對他人產生正面影響，增加獲得幸福感的機會，從而實現幸福的生活。

此外，「優點」並非固定不變，而是會根據當下不同的情況表現出來。

例如，在面臨關鍵抉擇或困境時，為了突破這個局面所表現出來的「優點」，可能與平時展現的優點有所不同。

以我個人為例，在重建公司的那段期間，我檢測出來的優點是毅力、愛和善良。

看到這個結果之後，我告訴自己：「既然毅力是我的優點，我一定能克服困難。加油！」當我認識到自己的優點時，這個認知也成為了支撐我的力量。

後來公司逐漸步上軌道，情況慢慢穩定下來後，愛、善良和感恩等「優點」開始顯現出來。我比以前更能感受到自己對家人、對朋友和對公司夥伴的感恩之心，並重新發現自己想為他們帶來更多幸福的願望。

察覺自己在每個階段不同的「優點」，不僅會成為突破自我的力量，也會帶來更多幸福的感受。

發揮「優點」，也能為周圍的人帶來喜悅。當有人為此感到開心時，這也將成為你的能量來源。

你的內心是否曾經充滿
不為人知的成就感呢？

Leisure×Achievement

回顧過往人生，有哪些時刻是你覺得自己表現得很好，而且體會到滿滿的成就感的呢？

我在問題中使用「不為人知」這個詞，是因為這裡指的是從自我評價，而非他人評價中得到的成就感。

不需要與他人比較，只要是你自己覺得滿足即可。任何事情都無妨，比如考試得到好成績、通過測驗、獲得表揚或升遷等等。

每隔一到兩週，我都會一個人到家裡附近的超市購物。

每次都是進行大採購，所以購物車上下的兩個購物籃總是堆滿戰利品。

最辛苦的是把這些東西全部裝進袋中，扛回家後各自歸位。好不容易回到家後，我會一邊想像「這個孩子應該會喜歡」，或是「這個在那種時候應該能派上用場」等等情況，一邊將東西放進冰箱或櫥櫃裡。等到所有東西都收納完畢之後，我便會從購物到妥善收納這一連串的行為中，感受到一股難以言喻的成就感。

如果在超市看到我兩手拎著大包小包，或許有些人會覺得我看起來很辛苦，他們絕對想像不到這竟然是能帶給我快樂的過程。

對我來說，這個過程所帶來的成就感，可能只有自己才能理解。

◆
◆
◆

儘管有時我們會有一種「渴望被認同」的欲望，希望得到別人的肯定，但即使沒有人在看，我們也會有「自我感覺良好」的時候。

這種感覺，或許可以稱之為**「專屬自己的幸福時刻」**。不妨試著回想看看，在日常生活中，什麼時候你會感受到只有自己才知道的成就感，並從中獲得大大的滿足。

如果你喜歡做菜，或許是當你終於動手挑戰一直想做的食譜，並成功端上桌的時候。

如果你喜歡拍照，或許是當你在日落時分，用相機捕捉到完美瞬間的時候。

如果你喜歡車子，或許是當你清洗愛車，將車身打磨到閃閃發光的時候。

如果你喜歡咖啡，或許是你從選豆開始，到沖泡出一杯極致美味的咖啡的時候。

如果你喜歡園藝，或許是你在換季時，種下最合時宜的花卉的時候。

如果你喜歡慢跑，或許是你用最理想的速度，邊跑邊欣賞風景的時候。

如果你喜歡家電，或許是你在經過一番研究調查後，買到最超值的商品的時候。

其他像是旅行時，交通時間完美銜接，按照計劃進行觀光的時候。

又或許是你終於看完那部想看已久的長篇漫畫的時候。

這些瞬間，一定都充滿了令當事人感到「任務完成」後特有的喜悅以及成就感。

這並不是與他人比較而來的成就感，也不是從別人的評價中得到的。這是全心投入在「專屬自己的幸福時刻」中所體驗到的成就感。

當然，獲得世人的認可會讓人覺得驕傲，與他人共同完成某件事所帶來的喜悅也非常重要。

不過，現在請先專注在「專屬自己的幸福時刻」。

這份成就感，不是來自於別人的讚美，而是你自我發掘後找到的。這可以說是你的生命動力的核心，也將會成為促使你主動向前邁進的力量。

第5章

～Learning×PERMA～

在自我成長上
「了無遺憾」的人生

有沒有什麼是

你曾經放棄或半途而廢，

至今仍然耿耿於懷的事？

Learning×Positive Emotions

每個人的一生中，可能都有一兩件曾經放棄或半途而廢的事。

想養成寫日記或部落格的習慣，卻只堅持了一小段時間；減重老是失敗；每當迎來新年，總想在今年嘗試一些新的挑戰，但幾個月過後，就因為忙得不可開交而把一切都拋在腦後……這些都是日常生活中常見的事。

又或者，如果從「人生」這個漫長的時間軸來看，小時候立志長大後要做某個工作，但隨著認清現實，不得不中途放棄，選擇不同的道路；或是一直很喜歡某個人，卻始終無法鼓起勇氣告白等等。

對於自己放棄的事物，每個人的接受方式不同。如果內心已經不再糾結，那麼理當不會成為人生的遺憾。

然而，如果這件事至今依舊令你耿耿於懷、念念不忘，我希望你能鼓起勇氣，重新面對。

◆◆◆

在此，請先試著面對「放棄」這個情緒。

除了正面情緒，我們也有「放棄」、「悲傷」或「不安」等負面情緒。體驗這些痛苦的情緒，也是我們感受生命的一種方式。

在正向心理學中，比起「或（or）」，更重視「和（and）」這個概念。世間萬物皆因「和（and）」而取其平衡。

不光是正面情緒，負面情緒也是人生的一部分。換句話說，那些讓你無法徹底放棄而念念不忘或揮之不去的感受，也同樣塑造了你的人生。

只活在正面情緒中而感受不到任何負面情緒是件不切實際的事。那麼，該如何面對這些負面情緒呢？請不要壓抑或忽視它們。越是抗拒，這些情緒反而會變得越是明顯。

心理學中有個廣為人知的實驗結果。當受試者被要求「不要去想像粉紅色的大象」時，他們越是努力不去想像，粉紅色的大象在腦中的影像反而就越鮮明。

情緒也是同樣的道理。當我們抗拒某種感受時，反而會加重它在心中或腦海裡的份量，我們會忍不住放大悲傷、憤怒、不安或恐懼等負面情緒。

如果過去放棄或半途而廢的事情仍然縈繞在心頭，與其否定它，不如從現在開始試著用寬容的心態去接納它。

◆◆◆

小時候，我因為過敏性氣喘而時常跑醫院。我現在仍然忘不了每次見到醫生時的那種安心感。或許是受到這個影響，我曾經夢想成為一名醫生。

然而，高二時我決定選擇文組，放棄了這個夢想。

對我來說，沒有成為醫生，只是未能實現的一個人生選項。儘管現在偶爾還是會想起那時的憧憬，但我也相信，正因為我走了一條與當年夢想不同的道路，才有了現在人生中所得到的幸福。

這些幸福，不光是來自於我遇見了杉村太郎、遇見了自己的孩子，還有一路走來遇見的每一位重要的人和經驗等等，這一切都是我現在的幸福泉源。

即使是同一座山，從山下看和從山頂上看，或是從另一座山看去，都會見到截然不同的景色。人生也是如此，即使是同個事實，也會因為觀看的時機和角度，而有不同的想法和感受。

換個角度來看，過去曾經放棄或半途而廢的事情，也許是給我們做出不同選擇的機會。如果能這樣思考，或許就能重新發現目前的生活中被忽略的幸福。

◆◆◆

《愛麗絲夢遊仙境》的作者路易斯・卡羅（Lewis Carroll）說過一段話。

「凡事都有寓意，只要你肯去找。」

我們可以將放棄純粹視為一種「失敗」，也能將其視為改變選擇的「機會」。透過心態的轉換，任何事情都能被賦予全新的意義。

什麼是你在人生當中「投注最多時間」的事？

Learning×Engagement・Flow

這次我會先揭曉這個問題的背後涵義。人生中投入最多時間的事情，可能成為你的「優點」。

你知道人生中占用最多時間的是「習慣行為」嗎？

根據杜克大學「人類有多少行為是受習慣所支配」的研究結果顯示，我們的一生當中，約有30%的時間用於睡眠，另外約有40%的時間是受到「習慣行為」所主宰。

據悉，人類的大腦為了生存，會抗拒巨大的變化，但可以接受微小的改變。為了更美好的生活，我們可以利用這個特性，將注意力集中在這40%的可能性上，從日常的小習慣開始做出改變。

那麼，我們應該如何養成習慣呢？在此請容我分享一個關於「習慣」的小故事。

我究館的前館長杉村太郎，在培育擁有國際觀的領導人才的過程中，深刻體會到他自己應該要先擁有全球領導力，因而決心前往美國哈佛大學甘迺迪政府學院深造（前文中曾分享過這個故事）。

然而，要在經營公司的同時學習英文並取得成果實在是不容易。太郎為了提升英文能力，上了許多間的語文學校，然而，隨著時間一天天過去，卻遲遲未能達到顯著的成長。

於是，他決心背水一戰，想出了「學習×習慣化大作戰」的策略。

雖然「作戰」聽起來有點誇張，但他立刻採取行動，離開工作崗位，前往美國，讓自己置身在一個可以隨時接觸到英文的環境中。這個想法是強迫自己學習英文，讓使用英文成為一種習慣，就像運動訓練那樣。

我們在七月下旬動身移居美國，八月中旬日常生活才慢慢穩定下來。接著太郎便根據他從運動訓練中得到的靈感，規劃了一系列的學習計畫並開始執行。例如，在自助洗衣店洗衣時的練習、搭乘交通工具移動時的練習、吃午餐時的練習、折衣服時的練習等等，他將英文學習融入到日常生活的每件事中。

結果，太郎在短短幾個星期內就完全習慣了這個學習方法，先前絲毫不見起色的英文能力也在三個月後突飛猛進，順利考上甘迺迪學院。

太郎在長時間遠離英文學習環境之後，即使下定決心重拾書本，也遲遲無法提高測驗成績。在親身體驗到習慣化學習的有效性後，2001年，太郎在日本創辦了第一間英語教練學院「Presence」，並將這套學習方法應用在教學中。如今，「Presence」已成立二十多年，協助超過三萬名學員提升英文能力。

◆◆◆

心理學領域對習慣化的研究也有顯著進展。倫敦大學健康心理學家的一項實驗顯示：「養成新習慣的所需時間，快則只需幾個星期，一般平均則約需要六十六天」。

此外，維多利亞大學的調查指出，「在運動健身房會員能否持續運動的追蹤調查中發現，每週至少運動四次是建立運動習慣的必要條件」。

當這些「習慣行為」慢慢轉化成「優點」時，相信人生就會變得充滿活力，綻放耀眼光芒。人們在發揮自己的優點及長才時，心中便會充滿歡欣喜悅等正面情緒。

正向心理學的研究證實，人們在充滿正面情緒的狀態下，生產力會提升30％，創造力也會提高三倍。

為了體現並發揮自己的「優點」，除了接受更大的挑戰以外，不妨試著將小習慣融入平淡無奇的日常生活中。

有些人可能會表示「不清楚自己的優點是什麼」。然而，我們並不需要把「優點」想得那麼困難。

「優點」並不是與他人比較後的結果，而是自己內在的正向情感特質。

你的「優點」應該存在於你認為「有趣」的事物中，也就是當你專注在自己擅長或具有濃厚興趣的事物裡時，你所顯現出來的特質。

有沒有什麼人是你
「想見但已經失去聯繫」的呢？

Learning×Relationships

隨著年齡增長，我們的一生會歷經無數次的相遇和別離。

然而，在繁忙的日常生活中，許多過往的相遇可能已經被深埋在心底，一時之間無法立即想起。

而且，在過往曾經遇見的人們當中，想必也有不少人在不知不覺中，早已失去聯繫。

當被問及「想見但已經失去聯繫的人」時，或許會令人聯想起那些儘管平時不會見面，但在漫長人生中對自己極為重要的人。

可能是學生時期的好朋友，也可能是以前承蒙關照的老師或主管。

關心當下身邊的人固然重要，但如果你現在想起一些你很在乎的人，即使不一定需要立刻聯繫，也不妨試著在心中表達對他們的思念。

如果伴隨著懷念的思緒，心中湧現了各種情感波動，不妨試著從心底深處挖掘出那些曾經的回憶以及回憶裡的情緒。

當你的思緒沉浸在這些回憶和情緒之中時，就像在翻閱自己的人生相簿一樣，你將擁有一段短暫脫離現實，專屬於自己的獨特時光。

◆◆◆

幾天前，我換了一支新的智慧型手機。

我一邊整理以前拍的照片，一邊回想拍照當時的景象。在這些捕捉歡樂時光的照片中，滿滿都是我熟悉的面孔，包括猶如心靈支柱的朋友、和我在公司共同打拚的好夥伴，這些都是對我來說極為重要的人。

平時，我很少有機會回顧過去拍的照片。這次更換新手機，正好為我提供了一個寶貴的契機。

看著照片中許許多多的笑臉，我深刻感受到「原來我得到了那麼多人的支持」，還有「我真幸運，能和這麼多人相遇與相識」。

我邊看著照片，邊下定決心，儘管現在很少有機會見面，但如果哪天能再見一面時，我一定要親口跟他們說聲「謝謝」。我現在還記得那時內心充滿了溫暖與感動的情緒。

◆◆◆

迪士尼電影《可可夜總會》的導演李・安可里奇（Lee Unkrich）在採訪中說道：「被人們遺忘，才是真正的死亡。」當我們想起某人時，也會喚起記憶中和他共度的時光，以及對他的感謝等各種情感。

即使現在見不到面，只要你在心中想念著他，他就永遠活在你的心裡。

請試著回想那些活在你心中，但你已經許久未曾想起的人們。

如果要編制「個人年表」，
有哪三件事是絕不可少的？

Learning×Meaning

你曾經回顧自己過往的人生嗎？

現在，請花點時間，回顧一下你從出生到目前為止的人生旅程。

回想童年、學生時期和步入社會後的每一天，你或許歷經了許多的大起大落，也可能面臨了不少突如其來的難關。

其中哪些事令你印象最為深刻呢？又有哪些事對你影響極其深遠呢？

首先，這三件事是正面的事情嗎？還是負面的呢？

儘管如此提問，但不論這些事情是正面還是負面，其實並沒有太大的意義。重要的是，你從中學到了什麼，得到了哪些收穫。

正向心理學強調以**「成長心態」（認為自己的能力和才能可以透過經驗成長的思維模式）**生活的重要性。

史丹佛大學心理學教授卡蘿．杜維克（Carol S. Dweck）經過二十多年的研究，歸納出兩種心態。

一種是「定型心態」，認為與生俱來的能力是固定而無法改變的。

另一種是「成長心態」，相信透過努力，可以提高智力和能力。研究也指出，許多成功人士都具有明顯的「成長心態」。

在遇見各種情況時，我們是以何種心態來面對，顯得至關重要。這也適用於我們如何看待過去的經歷。

也就是說，透過「成長心態」來看待過去的人生經歷，可以賦予它們更正面的解釋。

不妨趁此機會重新審視這三件事對你帶來什麼樣的影響，以及如何塑造出現在的你。

◆ ◆ ◆

以我自己為例，這三件事分別是：找工作、杉村太郎對抗病魔與病逝，以及我下定決心接管公司。

在找工作的部分，當初沒有通過電視台播報員的考試，反而拓寬了我狹隘的視野。

太郎罹患癌症，徹底改變了我的生活態度，讓我從一個「支持者」變成一個「守護者」。在陪伴太郎對抗癌症的過程中，我也深刻體會到「活著」是多麼不可取代的一件事。

我從來沒想過自己會成為一間公司的負責人，但在我下定決心繼承先生的事業時，我才了解什麼是「承擔所有責任」。

儘管這是我現在的想法，但當初在面對這三件事情時，我內心充滿了「負面」的情緒，只覺得那些都是困境和考驗。

然而，後來我試著重新用「成長心態」來縱觀自己的人生時，才察覺到這三件事都為我帶來了巨大的成長機會。

◆ ◆ ◆

當你在回顧個人年表，從中挑選三件人生重大事件時，有幾個重點希望各位能多留意。

◇不要著重在某個點上，用俯瞰整體的角度來思考整件事與後來的人生有何關聯。

◇用言語表達你自己從這件事中得到的學習與收穫。

◇試著用「成長心態」來解讀，將這些經歷視為成長的機會。

如果從這些角度來看，你會發現「每件事」並不是突然從天而降，而是點與點之間相互連結所構成的。而且從某件事出發，透過思考和行動，一定會創造出一條新的道路。

人是透過思考、行動和種種經驗，逐步累積自己的人生。這一切的起點都在於「思考」。

德雷莎修女曾經說過以下這段話。

注意你的思考，
因為它總有一天會形成你的語言；
注意你的語言，
因為它總有一天會形成你的行為；
注意你的行為，
因為它總有一天會形成你的習慣；
注意你的習慣，
因為它總有一天會形成你的性格；
注意你的性格，
因為它總有一天會決定你的命運。

◆ ◆ ◆

正因為一切都是從「思考」開始，所以改變「思考」，就能改變未來。

此外，我們過去思考、行動而歷經過的「事情」，也會因為看法的不同而改變我們對「事情」的解讀。

人生有許多事是不受自己控制的。然而，要以什麼樣的心態活著，卻是你現在可以為自己決定的事。

你認為「自己表現得很好」，最棒的一件事是什麼呢？

Learning×Achievement

透過這個問題，我想傳達的重點是，「一直以來努力生活」本身就是一件「做得很好」的事。

人生在世，不可能事事盡如人意。所以，我希望你能先肯定自己一直以來的努力，好好讚揚自己。

目前為止，你一定接受了無數的挑戰，也克服過種種困難。

或許你在工作中被委以重任、負責專案，在周圍人的協助下全力以赴；下班後總是匆忙地趕去幼稚園接小孩，努力兼顧育兒與工作；孩子發燒時，你急忙奔向夜間診所；不斷鼓勵並照顧生病的家人；盡心盡力地照顧父母。

諸如此類，你可能覺得這些事情沒什麼好說的，但其實有很多事是因為有你在而變得「更美好」。

更確切地來說，「你的存在」本身就為他人帶來了幸福。這也是我看著女兒和兒子時，特別有感觸的一點。

我兒子還在上小學，還是很需要人照顧的年紀。在日常生活中，他常常會被我嘮叨。

然而，當他去參加森林學校外宿時，我獨自一人在家，看到他經常坐的椅子上空蕩蕩的，頓時覺得家裡格外安靜。

寂寞的感覺油然而生，那時我才意識到他對我來說是如此珍貴，惹人憐愛。「光是有他陪伴」，就令我感到無比的幸福。

這或許只是我的日常生活中一個平凡的片段，但每個人都是某人的孩子，尤其為人父母的，對自己的孩子一定都懷抱著一種「只要在身邊就很幸福」的深層情感。

當然，這種情感不限於親子關係。在你身邊也許也有這麼一個人，只要他在，你就覺得很開心、很快樂。

◆ ◆ ◆

度過無憂無慮的童年，進入青春期以後，你可能會開始思考一些哲學性的問題，例如「我為什麼活著」或「人為何而活」等等關於「生命的意義」。

我想大多數人都是如此。然而成年以後，每天忙於生活，根本無暇思考生命的意義，只能拚命地度過每一天。

但是，等到了成人階段，歷經種種人生歷練，重新開始思考「生命的意義」時，就會發現**「活著」**本身就是充滿意義的。

稍微冗長的「結語」

Life×PERMA

在本書中，我拋出了許多結合「4L」和「PERMA」的相關問題。這些問題的目的，是希望讓你暫時停下腳步，思考真正的自己是什麼樣的人，歷經過哪些事情，以及哪些事會讓你感到快樂。

然後，正如書名所揭示，本書以**「了無遺憾」**作為關鍵字貫穿全文，旨在傳達一個重要理念——**「沒有遺憾的幸福人生」**。

那麼，當聽到**「幸福」**這兩個字時，現在的你，腦海中浮現了什麼樣的景象呢？

我想，這個答案或許因人而異。只需稍加思考，就會發現幸福有很多不同的形式，例如一家人和睦相處、成為有錢人、事業有成、夢想成真等等。

因此，在本書中，我是基於「幸福感」（well-being）這個心理學的概念來探討幸福。

近年來，隨著工作型態改革、健康管理和幸福管理等框架出現，以及ESG投資（Environment Social Governance，指環境、社會與治理）的時代趨勢，「幸福感」的概念逐漸受到全球關注。

然而，我之所以會決定以「幸福感」作為人生的研究主題，並非是受到社會潮流的影響，而是源於大約十一年前，也就是我三十七歲時喪夫的經驗。

如同我在本書中多次提到，先夫杉村太郎在職涯設計領域中被譽為第一人，但他英年早逝，享年四十七歲。

他對「活下去」擁有非常強烈的欲望，甚至曾經對好友說：「即使只剩下最後一個細胞，只要我的心臟持續跳動，我就會繼續活下去。」

前文中也曾多次提及，他在彌留之際，喃喃說道：「雖然心中還有很多想做的事接二連三地冒出來……嗯！但我覺得我沒有留下任何遺憾。」這句話彷佛是他對自己的安慰，同時也深深地烙印在我的心底。

聽到這句話的當下，身為他的人生伴侶，我真心冒出「真是太好了！」的感想。

然而，隨著時間過去，我越來越覺得疑惑：「我實在是想不通，明明還有很多想做的事，為什麼太郎能說得如此果斷？」

當我進一步探究這個疑問時，發現「還有很多想做的事」和「沒有任何遺憾」這兩句話之間存在著矛盾。

「還有很多想做的事」，這句話讓人感受到他完全沒有意識到死亡的存在，對生命充滿希望，並且滿懷期待地活在當下。

另一方面，「沒有任何遺憾」這句話，則讓我覺得他已經意識到了死亡，彷彿在表達自己已經完成所有想做的事，所以沒有任何遺憾。

就這樣，我帶著心中的疑惑，在學習職業生涯理論和心理學的過程中，遇見了本書的核心概念——「4L」和「PERMA」。

總之，在了解構成幸福的「4L」後，我內心的疑惑便徹底地消失了。

說起來，太郎非常熱愛工作，在生病之前，即使回到家中，坐在沙發上，他也會一直思考工作的事情，彷彿每天二十四小時，無時無刻都在工作。

正文中也有提到，太郎為了讓事業步入正軌，全心投入在工作上。即使某天喃喃地說想去看海，他還是克制住這份慾望，繼續埋頭於工作當中。

然而，在那之後，他被診斷出癌症時卻說出了一句話。

「如果那時有去看海，或許我就不會生病了……」

當然，我無法確定當時他如果順從心意去看海，是否就能避免罹患癌症。但由此可證，他很後悔自己過著以工作為重的生活，沒有抽出時間紓解壓力。

從那時起，他開始有意識地充實「4L」中所說的其他元素：「Love（和家人或朋友共度的時間）」、「Leisure（休閒）」、「Learning（學習與自我成長）」。

他開始確保自己獲得充足的睡眠，也重拾了從前熱愛的海上運動。此外，他還開始學鋼琴，以彈唱老鷹合唱團的《亡命之徒》為目標，奮力地敲著琴鍵，刻苦練習。他也獨自踏上一直嚮往的中南美洲旅行。

太郎在接受治療的同時，也開始享受工作以外的時光，非常珍惜且充實地度過每一天。然而，若要說他是否感到幸福，我認為他仍然覺得有所不足。

這一點，可以從他完成癌症治療療程出院後的某件事看出端倪。

某天，當太郎在電視上轉播的美國職棒大聯盟比賽，看到日本球員出色的表現時，他嘆了一口氣。

我問太郎：「怎麼了？」他有氣無力地回答：「我也好想在世界舞台上大展身手……」

其實，太郎當時收到哈佛大學魏德海國際事務中心客座研究員的邀請，但他因為生病而選擇放棄。我隱隱約約察覺到這一點，便鼓勵他：「不然你就試試看啊。」

太郎聽了急忙問道：「真的可以嗎？」當時他眼中閃爍的光芒，至今我依舊難以忘記。

於是，太郎一邊接受治療，一邊遠赴美國擔任研究員，頻繁往來日本和美國兩地，持續學習，展現了旺盛的生命力。

後來，在去世的前幾天，他用彷彿回顧人生的語氣，說了下面這句話。

「我真的很高興能去留學，還因此遇到了擁有相同夢想的朋友。」

緊接著，他就說了這句話。

「雖然心中還有很多想做的事接二連三地冒出來……嗯！但我覺得我沒有留下任何遺憾。」

這是我在學習職業生涯理論和心理學後，回顧往事的感悟——儘管太郎的人生短暫，但在他生命的最後一刻，他的「4L」充滿了「PERMA」的情感。

所以，他才會坦然地認為，「在現在這個瞬間，我已經盡己所能，所以我沒有任何的遺憾」。

而我自己在撰寫這本書的過程中，也開始體會到「雖然心中還有很多想做的事接二連三地冒出來……嗯！但我覺得我沒有留下任何遺憾。」這句話的真正含義和深意。或許是因為「雖然想做的事多到數也數不完，但在當下這個瞬間，我已經盡了當下的我所能做的一切」。

這樣想來，如果我們能夠**「盡全力做好自己當下能做的事」**，這一連串的行動也許就能為我們帶來無悔的人生。

◆◆◆

我手邊有一張很重要的照片。

照片裡有七個人，包括先夫杉村太郎、太郎的雙親、我的父母，還有我一臉幸福地抱著年幼的女兒。每個人臉上都帶著燦爛的笑容。

那時候的我以為，照片中的情景會理所當然地一直持續下去。

然而，照片中有四人已經離世，我再也見不到他們。每次看到這張照片，我都不禁感嘆，看似理所當然的「現在」，其實一點都不理所當然。

我的生活在先生去世後發生了巨大的變化，開啟了單親媽媽的日常。

每天早上，我都會讓當時兩歲的兒子坐在腳踏車後座，奮力踩著踏板送他去幼兒園，單趟路程就需花費約三十分鐘。

每當我裝好腳踏車的擋風板，說一聲「出發！」，就會聽到兒子用稚嫩的聲音回應「前進！」。以此為信號，我踩上踏板向前邁進。

我氣喘吁吁地沿著高低起伏的道路前行，不時詢問兒子「會冷嗎？」或「還好嗎？」，後方都會傳來稚嫩的回應「沒事啦！」

也許在旁人看來，我不顧形象奮力踩著腳踏車的模樣十分狼狽。

但是，當時的我覺得非常幸福。儘管失去丈夫這麼重要的親人，內心充滿了不安與悲傷的情緒，但每天和兒子一起騎著腳踏車，進行平凡無奇的對話，對我來說就是無比的幸福。

在那段專心騎腳踏車的時間裡，我得以面對真實的自己，察覺生命中真正重要的事物。

現在的我認為，**「幸福」就存在於看似理所當然又平淡無奇的日常生活中。更確切地來說，察覺「以為理所當然的人事物，實際上一點都不理所當然」，才是幸福的真諦。**

◆ ◆ ◆

最後，我要感謝日本實業出版社的川上聰主編，在我撰寫本書時，您不僅能夠理解我的想法，甚至協助本書發行，讓我可以將想法傳達給更多人；同時也要感謝BookQuality出版的高橋朋宏老師和平城好誠老師的引薦。另外，我還要感謝在日本商務實驗室（JBL）給我大力支持的馬場成實先生、我究館的藤本健司館長，以及我究館、Presence和JBL家族的所有成員及校友。感謝梶原佐奈美女士、安藤Yukari女士和宮本恭一先生等人在Well-being Academia給予我的所有協助。感謝宇坂純先生和PATHMAKE Holdings的所有人。感謝甘迺迪學院的各位。感謝在書中分享的故事中也介紹過的佐佐木圭一先生、吉田和生先生和井上達哉先生。感謝水野敬也先生為本書書腰提供美言。感謝東京農工大學的松本武副教授總是提供我寶貴的意見。此外，我還要感謝在人生旅途中給予我支持，陪伴我一路走來的所有人。

由衷感謝馬汀．塞利格曼博士、塔爾．班夏哈博士、桑妮．漢森博士、艾德．迪安納博士等人教導我「什麼是幸福」。

感謝一直在身邊支持我的重要家人——杉村愛莉、杉村樂和我的母親福田裕子，還有總是給予我無限的愛和啟發的先父福田弘，以及伴我度過十七年波瀾人生的愛犬「君君」。在此向杉村太郎獻上我真摯的愛，感謝他在過去、現在和未來為我帶來的幸福人生。

願所有翻閱本書的讀者，都能珍惜並培育自己的「四葉幸運草」。

誠摯祝福各位都能盡情享受人生，活在當下，充實每個瞬間，感受幸福，直到生命的最後一刻。即使明天迎來人生的終點，也能自信地說出「此生了無遺憾」。

記於二〇二三年三月九日（感謝之日）

杉村貴子　敬啟

如果明天是生命的最後一天

人生不用完美，只求不留遺憾！

打造富足心靈的36堂課，找到獨一無二的幸福

作者杉村貴子
譯者林姿呈
主編王靖婷
責任編輯唐甜
封面設計徐薇涵 Libao Shiu
內頁美術設計董嘉惠

執行長何飛鵬
PCH集團生活旅遊事業總經理暨社長李淑霞
總編輯汪雨菁
行銷企畫經理呂妙君
行銷企畫主任許立心

出版公司
墨刻出版股份有限公司
地址：115台北市南港區昆陽街16號7樓
電話：886-2-2500-7008／傳真：886-2-2500-7796／E-mail：mook_service@hmg.com.tw
發行公司
英屬蓋曼群島商家庭傳媒股份有限公司城邦分公司
城邦讀書花園：www.cite.com.tw
劃撥：19863813／戶名：書虫股份有限公司
香港發行城邦（香港）出版集團有限公司
地址：香港九龍土瓜灣土瓜灣道86號順聯工業大廈6樓A室
電話：852-2508-6231／傳真：852-2578-9337／E-mail：hkcite@biznetvigator.com
城邦（馬新）出版集團 Cite (M) Sdn Bhd
地址：41, Jalan Radin Anum, Bandar Baru Sri Petaling, 57000 Kuala Lumpur, Malaysia.
電話：(603)90563833／傳真：(603)90576622／E-mail：services@cite.my
製版・印刷漾格科技股份有限公司
ISBN978-626-398-193-5・978-626-398-192-8（EPUB）
城邦書號KJ2120 **初版**2025年4月
定價420元
MOOK官網www.mook.com.tw
Facebook粉絲團
MOOK墨刻出版 www.facebook.com/travelmook

國家圖書館出版品預行編目資料

如果明天是生命的最後一天：人生不用完美,只求不留遺憾!打造富足心靈的36堂課,找到獨一無二的幸福 / 杉村貴子作；林姿呈譯. -- 初版. -- 臺北市：墨刻出版股份有限公司出版：英屬蓋曼群島商家庭傳媒股份有限公司城邦分公司發行, 2025.04
224面；14.8×21公分. -- (SASUGAS；KJ2120)
譯自：たとえ明日終わったとしても「やり残したことはない」と思える人生にする
ISBN 978-626-398-193-5(平裝)
1.CST: 幸福 2.CST: 自我實現 3.CST: 生活指導
177.2　　114001905